新常态下的伙伴合作

——PPP实操读本

易继元 刘文杰 编著

民主与建设出版社

图书在版编目（CIP）数据

新常态下的伙伴合作：PPP实操读本/易继元，刘文杰编著. ——北京：民主与建设出版社，2015.6
ISBN 978-7-5139-0658-6

Ⅰ. ①新… Ⅱ. ①易… ②刘… Ⅲ. ①政府投资—合作—社会资本—研究 Ⅳ. ①F830.59②F014.39
中国版本图书馆 CIP 数据核字（2015）第 108270 号

新常态下的伙伴合作：PPP实操读本

出 版 人	许久文
责任编辑	程 旭
出版发行	民主与建设出版社有限责任公司
电 话	（010）59417749 59419770
社 址	北京市朝阳区阜通东大街融科望京中心 B 座 601 室
邮 编	100102
印 刷	湖南湘财印务有限公司
成品尺寸	710mm×1000mm 1／16
印 张	13
字 数	168 千字
版 次	2015 年 6 月第 1 版 2015 年 6 月第 1 次印刷
书 号	ISBN 978-7-5139-0658-6
书 价	48.00 元

注：如有印、装质量问题，请与出版社联系

成合作伙伴之美
圆共谋发展之梦

在我国经济发展进入新常态、大力推进新型城镇化进程中，PPP 模式正成为一张助推经济发展的动力之帆，对统筹做好稳增长、促改革、调结构、惠民生、防风险工作具有战略意义。

PPP 模式的本质，是一种基于契约的政府和社会资本合作过程，双方的权利义务、风险分担、利益共享等均以合同明确。

从政府角度看，通过动员社会资本参与，不仅可以减轻当期财政支出压力，平滑年度间财政支出波动；借助推进 PPP 模式的契机，还能深化财税体制改革，加快建立现代财政制度。

从社会角度看，通过发挥政府和社会资本的各自优势，让专业的人做专业的事，并通过建立激励相容的约束机制，把政府政策目标、社会公众目标和社会资本的运营效率、技术进步结合起来，充分提高公共产品的供给效率。

从市场角度看，通过 PPP 模式，社会资本可以进入能源、交通运输、水利、环境保护、农业、林业、科技、保障性安居工程、医疗、卫生、养老、教育、文化等公共服务领域，大幅拓宽了企业特别是民企的发展空间。

事实上，PPP 模式在我国也不算是新鲜事物。1995 年启动建设的广西来宾电厂 B 厂、2004 年启动建设的北京地铁 4 号线，都是典型案例。

2014 年以来，中央开始大力推广 PPP 模式，构建系统性管理制度和政策体系，在全国各地推出了一批 PPP 示范项目。2014 年 12 月，我省向社会公布了首批 30 个示范项目，总投资 583 亿元，涉及城市基础设施、交通运输、文化教育、商贸物流等多个行业。

目前，湖南已经采用 PPP 模式的项目包括长沙磁浮项目、湘潭九华污水处理项目等等。预计未来湖南在交通、环保、教育、卫生、文化等诸多领域均有较大的项目需求，PPP 模式应用前景广阔。

然而，PPP 项目是一个复杂的系统工程。具体怎样操作，不少人心中还是存在一些困惑，正如李白梦中的天姥山，"云霞明灭或可睹"。国务院和财政部虽相继出台了一系列文件，但整体而言，制度设计还需进一步建立健全，具体操作规程也有待积极探索。

在这样的背景下，继元、文杰同志精心策划并编著了《新常态下的伙伴合作——PPP实操读本》，可谓是一场推进财政改革的及时雨。

这是一部"授人以渔"的作品。全书按照财政部定义的PPP项目五大步骤——识别、准备、采购、执行、移交展开论述，极具整体感、系统性，且对各个步骤中的典型问题给出了提示和"药方"，实用性强，正如书名所言，这是一部"实操读本"。

这是一部"学思践悟"的作品。全书以政府出台的规范性文件为基本依据，突出了对实践的指导性。书中还结合了国际前沿PPP理论研究、国际国内PPP典型案例剖析，既能让读者开拓眼界、洞悉趋势，又给读者以启发，引人深思。

我在《财政改革再出发》一书中，用了专门一篇阐释PPP模式，希望通过用好这把"金钥匙"，提升人民的幸福感。这是我，也是我们大家对PPP模式寄予的希望。这种希望，既是对美好梦想的期待，也是对合作伙伴的邀约。

东方欲晓，莫道君行早。PPP模式的运用

与推广，是一场改革，是一种探索。湖湘大地向来不乏敢为天下先的勇气和智慧。我相信，在经济发展新常态下，PPP 模式这张动力之帆，定能成合作伙伴之美，圆共谋发展之梦，助推中国经济劈波斩浪，续写华章。

郑建新

2015 年 6 月

目 录

Contents

壹

情有独钟的共赢模式

当改革的大潮滔滔势起，一场宏大的叙事正在次第展现。

当资本的羽翼渐渐丰盈，一片宽广的蓝天正在款款打开。

让市场在资源配置中起决定性作用。党的十八届三中全会作出的这一重大决定，吹响了市场经济时代新一轮改革的号角，一批以往专业领域的热门词汇走进了更多人的视野，比如PPP。

从中央到地方政府，从理论探讨到示范项目，人们对PPP倾注了无限热情，常常会把它与新常态、地方债、城镇化、混合所有制、政府治理等词语放在一起谈论，寄予更多期待。

一句话这样说：你赶上了新常态，你就赶上了PPP。它的意思是说，不懂PPP？对不起，你OUT了。

推广使用PPP模式，不仅是微观层面的操作升级，更是一场宏观层面的体制机制变革。一个PPP项目，从推出到实施，只有政府方与社会资本方相互"情有独钟"、"情投意合"，合作才具备可持续性，项目才能发挥出积极的示范作用。

"薄施厚望者不报。"秦末《素书》这句古训告诫后人，付出有多大，回报才可能有多大。

置于PPP模式之中，在项目识别、准备、采购、执行、移交等五大阶段，只有"厚施"，才可能获得"厚报"，开启一条属于政府、社会资本、公众的多赢之路。

【I】发展简史：从撒切尔夫人说起

"当我看到一个曾经伟大的民族落到了时代后面，一种无助的感觉油然而生。"这是撒切尔夫人1979年写在英国保守党宣言中的一句序言。

那一年，她正式入主唐宁街10号，适逢经济每况愈下。

她下定决心扭转这一切，上任"第一把火"就是推行政府改革，主要方式是：引进私人企业的管理原则、方法，解决政府面临的财政危机，提高效率、降低公共开支。轰轰烈烈的新公共管理运动由此拉开大幕。

在这一背景下，具有当前典型特征的PPP模式应运而生。

PPP（Public-Private Partnership），译意为公共部门与私人部门合作。它是一个复杂的制度系统，且具有高度的灵活性，在不同国家、不同发展阶段和不同的具体项目中，其运用不尽相同。因此，PPP没有学界、实务界普遍接受的定义。德国学者Norbert Portz甚至认为，试图去总结PPP是什么或者应该是什么，几乎没有任何意义。

一种新型的伙伴合作关系

PPP本身是一个含义宽泛的概念，不同国际组织和国家给出了不同的定义。

联合国培训研究院认为，PPP涵盖了不同社会系统倡导者之间所有的制度化合作方式，目的是为了解决当地或某个领域内的某些复杂问题。它包含了两层含义，一是为了满足公共产品需要而建立的公共和私人倡导者之间的各种合作关系，二是合作伙伴执行了大型公共项目的建设运营等工作。

欧盟委员会认为，PPP是指公共部门和私营机构通过合作，提供传统上由公共部门提供的公共项目或服务。

加拿大PPP国家委员会认为，PPP是公共部门和私营机构的合作经营，它建立在双方各自经验的基础上，通过适当的资源分配、风险共担和利益共享机制，以期最好地满足事先清晰界定的公共需求。

美国PPP国家委员会认为，PPP是一种介于外包和私有化之间并结合了两者特点的公共产品提供方式，它充分利用私人资源、设计、建设、投资、经营和维护公共基础设施，提供相关服务，满足公共需求。

上述定义虽然表述不一，但本质上包含以下关键词：公共

图1-1 PPP模式内涵

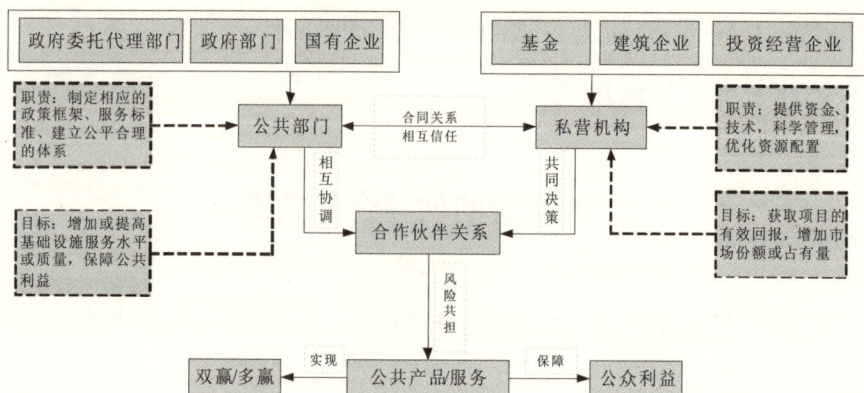

部门、私营机构、伙伴合作、提供公共产品或服务。需要强调的是，PPP 是指一个大的概念范畴，而不是一种特定的项目投融资模式。因此，PPP 是指公共部门与私营机构为提供公共产品或服务而建立的一种合作伙伴关系。

根据私营机构参与程度不同，PPP 可以分为外包、特许经营、私有化三大类。在这些模式下，强调合作过程中的风险分担、优势互补、利益共享。

外包类：一般由政府投资，私营机构承包整个项目中的一项或几项职能，例如只负责工程建设，或者，私营机构受政府之托，代为管理维护设施或提供部分公共服务，并通过政府付费实现收益。

特许经营类：在一定期限内，私营机构参与部分或全部投资，并通过一定的合作机制，与政府分担风险、共享收益；期限届满后，公共部门收回相关设施及资产，私营机构完全退出。

私有化类：需要私营机构负责项目的全部投资，并在政府监管下永久经营；私营机构通过向用户收费，收回投资实现利润。

我国财政部定义的 PPP，是在基础设施及公共服务领域建立的一种长期合作关系，具体在阐述 PPP 的通用模式时：

合作方的定位上，一般是由社会资本承担设计、建设、运营、维护基础设施的大部分工作，并通过"使用者付费"及必要的"政府付费"获得合理投资回报；政府部门负责基础设施及公共服务价格和质量监管，以保证公共利益最大化。

项目运作方式上，主要包括委托运营（经营和维护，O&M）、管理合同（管理外包，MC）、设计—建设—融资—经营（DBFO）、建设—运营—移交（BOT）、建设—拥有—运营（BOO）、转让—

图 1-2 PPP 与私有化的框架与要素

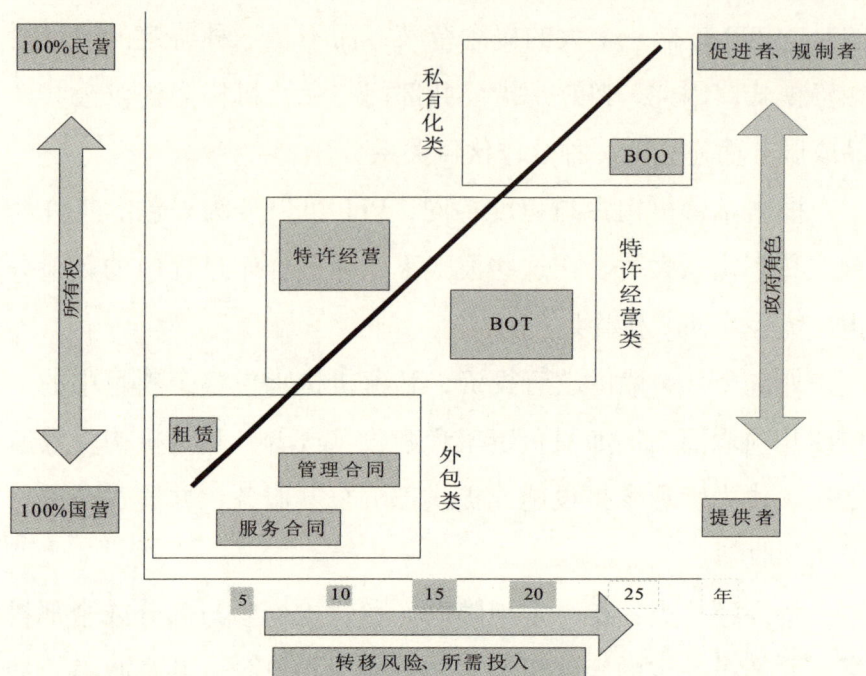

运营—移交（TOT）和改建—运营—移交（ROT）等。具体运作方式的选择，主要由收费定价机制、项目投资收益水平、风险分配基本框架、融资需求、改扩建需求和期满处置等因素决定。

在理解我国财政部定义的 PPP 时，要特别注意对公共部门、社会资本范畴的框定。

公共部门，被明确为政府部门，并没有包含其他非政府公共部门，比如社会团体、行业协会、民办非企业单位等。也就是说，我国财政部关于 PPP 定义中的"公共部门"，范围相对较小，不是指所有公共部门。

社会资本，不同于国际上常用的私人资本概念。

由于我国存在国有经济、集体经济、私营经济等多种经济主体，这意味着，PPP 模式的"私"并不单指私营经济主体。

经济主体的外在形式只是资本性质的载体，所谓"公"与"私"的区别是指资本目的的"公"与"私"。在我国，"公"是指侧重追求社会公共利益，"私"是指侧重追求经济利益，两者的根本区别不是经济主体性质之间的区别，而是侧重点的不同。因此，私人资本不再以所有制性质来定义，而是泛指以盈利为目的的、建立了现代企业制度的境内外企业法人。

我国财政部发布的 PPP 操作指南中，所称"社会资本"是指已建立现代企业制度的境内外企业法人，但不包括本级政府所属融资平台公司及其他控股国有企业（上市公司除外）。

由此可知，PPP 是政府与社会资本为提供公共产品或服务而建立的"全过程"合作关系，以授予特许经营权为基础，以利益共享和风险共担为特征，通过引入市场竞争和激励约束机制，发挥双方优势，提高公共产品或服务的质量和供给效率。

因此，PPP 不只是一种投融资模式，更是政府理财理念、项目运营管理等方面的改革与创新。

一场深刻的政府管理革命

1968 年，美国学者哈定在《科学》杂志上发表一篇题为《公地的悲剧》的文章，提出了一个经典概念"公地悲剧"：

一片公地牧场无偿向牧民开放，这本是一件好事，但由于是无偿放牧，每个牧民都希望放养尽可能多的牛羊，以增加自己的收入。随着牛羊数量无节制增加，公地牧场最终成为不毛之地，牧民全部破产。

"公地悲剧"和"囚徒困境""集体行为逻辑"这三个理论模型，往往被学界引用论述公共产品私人供给的无效率和政府供给的必要性。由此，国家一度凭借强权介入公共产品供给的各个领域，这给政府财政带来了巨大压力，且弊病丛生：成本较高、效率较低、质量较差。

1979年，英国撒切尔夫人当选首相，新公共管理运动兴起。这次运动的核心是改变政府提供公共产品的一元化格局，通过引入私人力量，形成政府部门、企业、非政府组织等主体力量共同提供公共产品的多元化格局。

从国际上看，虽然私营机构参与提供公共产品或服务已有很长历史，但是，PPP术语的出现不过是最近十多年的事。在此之前，人们广为使用的术语是Concession（特许经营）、BOT（Build –Operate –Transfer，建设—经营—移交）、PFI（Private Finance Initiative，私人主动融资）等。

(一)英国推出PFI模式

在英国，把私人投资者引入公共服务领域的尝试，最早出现在房地产行业。

20世纪80年代，英国政府将公共住房开发，转移给非盈利的私营房屋协会。房屋协会可以通过提供基础担保物，从私人贷款者那里筹集资金开发住房项目，比如，1986年的Dart ford项目就是由私人融资完成的。

这时，一个具有明显PPP特征的概念诞生——PFI（Private Finance Initiative），原意为"私人部门融资计划"。

这个概念由英国保守党财政大臣罗曼·莱蒙特1992年提出，并出现在1993年英国的政府预算报告中。罗曼·莱蒙特指出：

PFI 将会成为世界上大多数国家提高公共服务质量的选择。

PFI 模式允许私营机构参与到公共设施的设计、建造、投融资和运营环节，旨在提高公共产品质量并更好地维护公共资产。这一时期英国运用 PFI 模式还处于试水阶段。

1997 年，布莱尔当选英国首相。基于增加公共基建设施和削减公共开支的考虑，布莱尔政府更加热衷于 PFI 模式，并且还使用了一个新词汇：PPP。

布莱尔政府在财政部门设置了专门机构，形成了 PFI 整体推进机制：政府负责 PFI 政策的构架；营造一个合同手续快捷、简便、以及标准化的机制；向全国推广 PFI 成功经验；理顺每个地区的 PFI 机制。

1998 年，英国财政部发布第一批 PFI 项目清单，包括 50 个项目，以季度为周期进行修正。

(二)PFI 模式进化为 PF2

PFI 模式在实践过程中出现了一系列问题：

采购招商阶段，流程过于复杂，项目进展缓慢，交易成本高昂；

合同执行阶段，由于合同的订立是政企双方艰难谈判的结果，一旦签订，在项目实施运营阶段就难以变更，政府想要修改服务要求，几乎不可能；

社会公众方面，部分项目在运营期间总负债和总回报不透明，债务实际上最终转嫁到了社会公众身上，高速公路等由使用者付费的项目尤为明显；

此外，项目融资杠杆率过高（融资往往高达 90%），如果项目失败，私营机构损失不大，如果项目成功，私营机构往往获得巨额回报。

PFI 诸多问题的出现，引发了社会广泛质疑。

英国政府通过不断完善，推出 PFI 的"改进版"PF2：2012年12月5日，英国财政部公布"关于公私伙伴关系新模式"政策文件和"私人融资（2）标准化合同指引"，合同指引代替了2007年发布的"私人融资项目标准化合同指引第四版"。

PF2 改进的主要内容包括：

股权结构方面，PF2 模式下，政府持有一定股权，作为项目小股东参与投资，同时也以股东身份参与到项目运营的监督管理中；

交易成本方面，PF2 模式下，鼓励政府集中采购，项目招标时间不超过 18 个月，对项目采购制定标准化的流程和文件，加强开支监管，提高项目效率，节省交易成本；

合同订立方面，提高合同灵活性，比如，约定政府可以在项目运营过程中选择添加或删除一些服务可选项等；

财务透明方面，尽量提高透明度，比如，要求私营机构公开项目收益信息，政府每年公布其所有参股项目的财务信息等；

风险分配方面，政府部门改进了对额外开支的风险管理。

（三）PPP 模式在国际上的运用

目前，PPP 模式已成为世界上许多国家，尤其是发达国家公共管理的重要工具，有效促进了各国基础设施的发展。

英国、澳大利亚、美国、西班牙、德国、法国等国家 PPP 项目的规模和管理水平处于领先地位。

澳大利亚的 PPP 项目主要集中在住房、交通、医疗及国防领域。澳大利亚联邦政府与州政府都设立了专门的 PPP 管理机构，对政府和社会资本的角色和责任进行了明确划分。

为防止 PPP 模式滥用，澳大利亚对基础设施领域采取 PPP 模式建设的项目设立了明确限制。2008 年，澳大利亚国家 PPP 项目政策和指南出台，建立了有效的风险管理措施和严格的设计与绩效评价机制，为 PPP 项目管理的法治化、规范化打下了基础。

截至 2012 年年底，澳大利亚共有 PPP 项目 127 个，合同金额超过 760 亿美元，其中，维多利亚州政府与社会资本签订合同 16 个，总金额达 45 亿澳元，约占州政府基础设施支出总额的 10%。

一次渐进式的中国化历程

中国引进 PPP 模式，和世界史上一个名词"拉美奇迹"相关：

二战后，拉美国家经济发展迅猛，尤其是 20 世纪 50 年代至 60 年代，10 多年时间就把人均 GDP 从 400 多美元拉高到 1000 美元，史称"拉美奇迹"。

为了更快地实现工业化，这些国家对外大规模举债，以增加对公共事业的支出。1972 年拉美国家外债总额只有 212 亿美元，到了 1982 年，外债总额飙升至 3153 亿美元。

随着 70 年代末 80 年代初美国大幅提高利率，拉美国家主要借款国逐渐无法承担债务压力，1982 年 8 月墨西哥宣布无力偿债，引爆债务危机，并波及到全球大多数中等发达国家。

政府财政窘迫，为推动经济发展，土耳其率先提出了 BOT

（建设—运营—转让）模式，这种模式被其他发展中国家效仿。同期，香港商人把这个概念带入中国内地。

（一）萌芽与探索期

1994 年至 2002 年是中国 PPP 发展的探索期。

1993 年，国务院有关部门开始研究投融资体制改革，包括 BOT 可行性问题。当时，我国没有与 BOT 直接相关的法规，也没有规范的审批程序，地方政府往往向中央汇报并获得首肯后执行。

在探索期，BOT 项目涉及的行业很多，包括电力、自来水、污水、燃气、大桥、区域开发等。1994 年，国务院有关部门选择了 5 个 BOT 试点项目：广西来宾电厂 B 厂项目、成都第六水厂项目、广东电白高速公路项目、武汉军山长江大桥项目、长沙望城电厂项目。

这一时期代表性的项目还有深圳沙角 B 电厂项目、广州白天鹅饭店、北京国际饭店等。这些项目都是投资人发起、通过谈判和政府达成一致后实施的，没有招标过程。这一阶段，PPP 项目由地方政府自发推进，没有中央政府的关注、总结和大规模推广。

（二）推动与调整期

2002 年至 2012 年是中国 PPP 发展的推动与调整期。

2002 年 11 月召开的党的十六大提出，中国已初步建立社会主义市场经济体制，市场在资源配置中发挥基础性作用。同年底，建设部出台《关于加快市政公用行业市场化进程的意见》。全国各主要城市随即出现一波 PPP 项目热。当时比较著名的 PPP 项目有兰州自来水股权转让项目、北京地铁 4 号线项目、北京亦庄燃气 BOT 项目、北京房山长阳新城项目等。

2008 年，全球金融危机爆发，2009 年，我国推出四万亿计划，政府再次开始关注民间投资。2010 年，国务院出台鼓励和引导民间投资的"新 36 条"——《国务院关于鼓励和引导民间投资健康发展的若干意见》。

当时尽管没有政策禁止私人资本和外资进入基础设施建设领域，但是，国企尤其是央企具备的特殊政治资源，往往使得私人资本和外资无法有效参与竞争。而且，由于经济形势严峻，私企很难从银行获得授信，而国企尤其是央企则较少受到限制。渐渐地，地方政府与央企对接开始流行，央企成为推进城市化的重要角色，其参与的很多项目，都是以 PPP 模式进行的。

为促进民间投资，2012 年，国务院有关部委出台了 20 多个落实"新 36 条"的细则，但是 PPP 市场没有发生实质性改变。

(三)推广与普及期

2013 年起，中国 PPP 发展迎来推广与普及期。

这一时期推进 PPP 发展，具有很强的社会经济背景：

城市化、城镇化经过上十年高速发展，在取得辉煌成就的同时，也出现了大量问题。比如，土地财政难以为继，地方债务快速增长，环境治理需要大量资金。国有体制虽然可以调动大量资源，但浪费惊人，投资效率越来越低。参与城市建设的央企负债率快速攀升，融资和抗风险能力快速减弱。党的十八届三中全会提出，要让市场在资源配置过程中发挥决定性作用。这为 PPP 模式的推广普及提供了重要理论基础。

中国需要转变经济发展方式。提高效率、减少浪费、少走弯路，正是转方式的基本内容。PPP 模式尽管不是包医百病的灵丹妙药，但肯定可以带来机制体制的创新。

财政部部长楼继伟指出，在当前创新城镇化投融资体制、着力化解地方融资平台债务风险、积极推动企业"走出去"的背景下，推广使用 PPP 模式，不仅是一次微观层面的操作方式升级，更是一次宏观层面的机制体制变革。

【II】 独特优势："1+1>2" 不是梦

社会科学领域有一个有意思的不等式：1+1>2。意思是说，一个人的成长，离不开理想与责任的支撑。只有将二者结合起来，充分发挥个人主观能动性，才能将潜能发挥到最大，开创属于自己的成功人生。

在 PPP 模式下，主要合作方只有两个——政府和社会资本。只要双方发挥各自优势，开掘资源、化解风险，就可以出现"1+1>2"的多赢结果：在政府、社会资本各自实现预期目标的基础上，社会公共利益得到了更充分的保障，第三方中介机构凭借自身的专业技能，获得了更广阔的发展空间。

特点：伙伴关系、利益共享、风险分担

PPP 模式，既是一种投融资模式，更是一种运营管理模式，其运行具有三大特点：伙伴关系、利益共享、风险分担。

（一）伙伴关系

伙伴关系是指政府与社会资本方是基于合约的平等合作关系。伙伴关系是 PPP 模式的首要特点，所有成功实施的 PPP 项目，都建立在伙伴关系之上。可以说，没有伙伴关系就没有 PPP。

政府向社会资本购买商品和服务、给予授权、征收税费、

控制，就应由承包商承担。经营管理风险，则应分配给运营企业。

其二，要实现风险收益匹配。

高风险高收益，低风险低收益，要体现公平。唯有公平，才能将项目参与者持续地拴在一起，在项目全生命周期内保持理性和谨慎的行为，这是构成紧密利益共同体的前提。

其三，要实现风险承担与能力匹配。

在项目设计和采购中，如果参与一方让另一方承担了能力不济的风险，那么，最终的结果可能就是项目失败，由此导致双方利益受损。

在 PPP 项目中，香港迪士尼主题公园项目是合理分担风险的案例。港府负责工程征地和前期的基础设施建设，华特迪士尼承担公园的建造和运营。在这个案例中，风险分担机制充分体现了"由最能控制该风险发生的一方承担的原则"，有效地保障了项目如期竣工开放，也保障了项目的持续良好运营。

形式：项目外包、项目特许经营

按照社会资本参与项目程度的不同，PPP 模式可以分为外包类和特许经营类。二者区别在于：外包类中，项目的相关的资产由政府方持有；而特许经营类中，项目的相关资产归属于专门设立的项目公司名下，或直接由社会资本持有。

（一）外包类

外包类 PPP 项目，包括两种主要类型：模块式外包、整体式外包。其中，模块式外包可划分为服务外包、管理外包；整体式外包可分为设计—建设（DB）、设计—建设—主要维护（DBMM）、经营与维护（O&M）、设计—建设—经营（DBO，俗称交钥匙）等多种形式。

在外包类PPP项目中，社会资本承担的风险相对较小。

表1-1 外包类PPP项目的主要特征

类型	主要特征	合同期限
服务外包	政府方以一定费用委托社会资本方代为提供某项公共服务,例如设备维修、卫生打扫等。	1—3年
管理外包	政府方以一定费用委托社会资本方代为管理某个公共设施或某项公共服务,例如轨道交通运营。	3—5年
DB	社会资本方按照政府方规定的性能指标,以事先约定好的固定价格设计并建造基础设施,并承担工程延期和费用超支的风险。因此,社会资本方必须通过提供其管理和专业技能来满足规定的性能指标要求。	不确定
DBMM	政府方承担DB模式中提供的基础设施的经营责任,但主要的维修功能交给社会资本方。	不确定
O&M	社会资本方与政府方签订协议,代为经营和维护政府方拥有的基础设施,政府方向社会资本方支付一定费用。例如城市自来水供应、垃圾处理等。	5—8年
DBO	社会资本方除承担DB和DBMM中的所有职能外,还负责经营该基础设施,但整个过程中资产的所有权仍由政府方保留。	8—15年

(二)特许经营类

在特许经营类PPP模式下，根据项目的实际收益情况，政府可能会向特许经营公司收取一定的特许经营费或给予一定补偿，这就需要政府协调好社会资本的利润和项目的公益性两者之间的平衡关系。

特许经营类的 PPP 模式又可分为两类，移交型和无需移交型。

移交型的特许经营类 PPP 项目是指：项目有特定经营期限，期满时项目公司需将相关资产移交给政府方。

移交型的特许经营类 PPP 项目，包含 TOT、BOT 两种主要实现形式。另外，通过与 DB 模式相结合，特许经营类 PPP 还包括 DBTO、DBFO 等类型。

表 1-2 移交型的特许经营类 PPP 项目主要特征

类型		主要特征	合同期限
BOT	BLOT（建设—租赁—经营—转让）	社会资本方先与政府方签订长期租赁合同，由社会资本方在公共土地上投资、建设基础设施，并在租赁期内经营该设施，通过向用户收费而收回投资实现利润。合同结束后将该设施交还给政府方。	25—30 年
	BOOT（建设—拥有—经营—转让）	社会资本方在获得政府方授予的特许权后，投资、建设基础设施，并通过向用户收费而收回投资实现利润。在特许期内社会资本方具有该设施的所有权，特许期结束后交还给政府方。	25—30 年
TOT	LUOT（租赁—更新—经营—转让）	社会资本方租赁已有的公共基础设施，经过一定程度的更新、扩建后经营该设施，租赁期结束后移交给政府方。	8—15 年
	PUOT（购买-更新-经营-转让）	社会资本方购买已有的公共基础设施，经过一定程度的更新、扩建后经营该设施。在经营期内社会资本方拥有该设施的所有权，合同结束后该设施的所有权和经营权移交给政府方。	8—15 年
DBTO	设计—建造—转让—经营	社会资本方先垫资建设基础设施，完工后以约定好的价格交给政府方。政府方再将该设施以一定的费用回租给社会资本方，由社会资本方经营该设施。社会资本方这样做的目的是为了避免由于拥有资产的所有权而带来的各种责任或其他复杂问题。	20—25 年

续表

	类型	主要特征	合同期限
DBFO	设计—建造—投资—经营	社会资本方投资建设公共设施，通常也具有该设施的所有权。政府方根据合同约定，向社会资本方支付一定费用并使用该设施，同时提供与该设施相关的核心服务，而社会资本方只提供该设施的辅助性服务。例如，社会资本方投资建设轨道交通的各种建筑物，政府方向社会资本方支付一定费用使用建设好的交通设施，并提供运营等主要公共服务，而社会资本方负责提供维修、清洁等保证该设施正常运转的辅助性服务。这在英国是最常采用的模式。	20—25年

无需移交型的 PPP 模式是指：由社会资本方直接持有项目的全部或部分资产并永久经营；或在一定期限后，政府方将项目的全部或部分资产转让给社会资本，并由社会资本方永久经营。

如果社会资本最终将持有项目的全部资产，这类 PPP 项目可以通过 PUO、BOO 实现；若社会资本最终仅持有项目的部分资产，这类 PPP 项目可以通过股权转让等方式实现。

表 1-3 无需移交型的特许经营类 PPP 项目主要特征

类型	主要特征	合同期限
PUO（购买—更新—经营）	社会资本方购买现有基础设施，经过更新扩建后经营该设施，并永久拥有该设施的产权。在与政府方签订的购买合同中注明保证公益性的约束条款，受政府管理和监督。	永久
BOO（建设—拥有—经营）	社会资本方投资、建设并永久拥有和经营某基础设施，在与政府方签订的原始合同中注明保证公益性的约束条款，受政府管理和监督。	永久

续表

类型	主要特征	合同期限
股权转让	政府方将现有设施的一部分所有权转让给社会资本方持有,但政府方一般仍处于控股地位。政府方与社会资本方共同承担各种风险。	永久
合资兴建	政府方和社会资本方共同出资兴建公共设施,社会资本方通过持股方式拥有设施,并通过选举董事会成员对设施进行管理,政府方一般处于控股地位,与社会资本方一起承担风险。	永久

优势：降低风险、责任明晰、预算约束

传统的政府投资模式,往往存在一些弊端。

预算软约束。任何项目在建设过程中总是存在诸多不确定性,这给了有关参与方各种要求追加投入的理由。而政府方或者由于不具备专业知识对有关事项进行鉴别;或者由于主管官员疏于调查——毕竟不是他个人掏钱,因而没有动力去认真调查;或者是由于腐败问题,随着项目的实施,预算亦不断增加。

责任不明晰。项目实施中,有些事件或事故,本应由承包商或其他主体承担责任,但最终往往由政府承担。另一方面,有些责任本应当是政府承担,却强行推给了其他参与方,损害了政府信誉。

传统的政府投资项目,往往还存在风险意识不强的弊端。

这些问题在 PPP 模式中能够较为有效地避免。

社会资本参与 PPP 项目是为了获取投资回报,因而会客观评估项目的风险与收益。此外,除了受 PPP 项目合同等有关约束外,项目公司的运作完全是市场化的,这使得它能够积极采

取措施，预防与控制风险。

PPP 项目事先设计好完整的合同体系，项目实施时有章可循，各参与方的权利与责任是明确的。

项目的预算约束得到了强化。由于各方责任明确，原先大部分追加预算的借口已不存在。更重要的是，政府方的投资均需经过项目公司来运作，而项目公司的运作又处于政府监督之下，且需要向公众披露有关信息，在某种程度上说，项目公司对政府和公众来说是相对透明的。

【III】重大意义：助推国家治理现代化

改革，从来就是由问题倒逼产生，又在不断解决问题中深化。

创新，从来就是与改革如影相随，又在不断激发改革的活力。

推广运用 PPP 模式，既是一场改革，也是一次创新。

2015 年 5 月 13 日，李克强总理主持召开国务院常务会议指出：在交通、环保、医疗、养老等领域，推广政府和社会资本合作模式，以竞争择优选择包括民营和国有企业在内的社会资本，扩大公共产品和服务供给，并依据绩效评价给予合理回报，是转变政府职能、激发市场活力、打造经济新增长点的重要改革举措。

5 月 19 日，国务院办公厅转发财政部等部委《关于在公共服务领域推广政府和社会资本合作模式指导意见的通知》指出：推广 PPP 模式，对统筹做好稳增长、促改革、调结构、惠民生、防风险工作具有战略意义。

推广 PPP 模式，是适应经济发展新常态的重要抓手，是构建现代财政制度的重要内容，是推进国家治理现代化的有效举措。

适应经济发展新常态的重要抓手

当前，我国经济发展进入新常态，经济增长速度正从高速增长转向中高速增长，经济发展方式正从规模速度型粗放增长转向质量效率型集约增长，经济结构正从增量扩能为主转向调整存量、做优增量并存的深度调整，经济发展动力正从传统增长点转向新的增长点。

PPP 模式作为新型的公共产品和服务投入机制，正是扩大有效投资需求、推进经济结构调整、适应经济发展新常态的重要手段。

(一)有利于减轻政府债务压力

截至 2014 年底，我国地方政府债务余额达到 23 万亿元。无论是从债务的总量还是从增速上来看，这种状况都是不可持续的。

在这种情况下，经济发展需要保持适度公共投资规模与地方政府短期偿债压力过大之间的矛盾凸显。通过 PPP 模式将社会资本引入公共设施建设，能有效弥补政府财政能力的不足。同时，PPP 模式的推广，给了债务不被划入政府债务范畴的城投平台一个较好的转型机会，能够让失去政府隐性担保的城投平台债务风险平滑过渡，不至于短期失控。

(二)有利于加强基础设施建设

我国经济进入新常态，基础设施供给不足对经济发展的限制进一步凸显。

当前，单靠政府力量无法满足这些建设所需的巨额投资，特别是教育、医疗、卫生、能源、环保、交通等领域。

比如，教育方面，特别是农村地区的基础教育问题，迫切需要大量资金投入。医疗卫生方面，我国人口占世界总人口的 22%，而全国医疗卫生总费用仅占世界医疗卫生总费用的 2%。

（三）有利于激发民间投资活力

我国经济经过二三十年高速发展，民间积累了大量财富，当前国家经济发展的主要问题不是缺乏资金，而是缺乏有效的投资机会。如何盘活社会存量资本，将"沉睡"的资源利用起来，为经济发展注入新的动力，成为了新常态下的一个重要课题。

PPP 模式可以有效打破社会资本进入公共服务领域的各种不合理限制，鼓励国有控股企业、民营企业、混合所有制企业等各类型企业积极参与提供公共服务，给予中小企业更多参与机会，大幅拓展社会资本特别是民营资本的发展空间，激发市场主体活力和发展潜力，有利于盘活社会存量资本，形成多元化、可持续的公共服务资金投入渠道，打造新的经济增长点，增强经济增长动力。

（四）有利于推进新型城镇化战略

新常态下，新型城镇化战略的实施，是释放民众潜在消费能力，推动经济增长模式从投资驱动型向内需驱动型转变的重要举措。

到目前为止，我国人均公共设施资本存量仅为西欧国家的38%、北美国家的23%，服务业水平比同等发展中国家低 10 个百分点，城镇化比发达国家低 20 多个百分点。这说明，我国公共产品供给还远远满足不了民众的需求，新型城镇化发展还有着巨大的推进空间。

PPP 模式能形成多元化、可持续的资金投入机制，为新型城镇化战略的顺利实施提供有力保障。

构建现代财政制度的重要内容

财政是国家治理的基础和重要支柱，PPP 模式强调市场机制的作用，强调政府与社会资本各尽所能，强调社会资本的深度参与，符合现代财政制度优化资源配置、促进社会公平的基本要求。推广运用 PPP 模式，是深化财税体制改革、构建现代财政制度的重要内容。

（一）有利于建立现代预算管理制度

现代财政制度的基本内涵包括现代预算管理制度。在现阶段和未来一段时期，这项工作的主要内容有：建立跨年度预算平衡机制、实行中长期财政规划管理、编制完整体现政府资产负债状况的综合财务报告等。

传统的财政预算管理以单一年度的预算管理为主，考虑眼前问题较多，支出结构固化僵化，且与区域发展规划衔接不够。

PPP 项目实施周期比较长，这要求财政部门对未来相当长一段时期内的财政收支情况进行预测，妥善安排各期财政投入，建立跨年度预算平衡机制，提高财政的规划性和可持续性，防范和化解中长期财政风险。

（二）有利于提升财政支出的透明度

"透明财政"是现代财政制度的一项基本要求。

与传统的政府采购相比，某个公共基础设施项目采用 PPP 模式，能更加透明地显示出这个项目的全生命周期成本。这能倒逼政府部门就如何提供服务、如何支付作出选择，使 PPP 项目成本更加清晰。而不是像往常那样，一个项目被分解成各个小部分，并且隐藏在公共预算的各项分类账目下。

在透明的基础上，问效、问责将是必然的发展结果。PPP项目周期长，项目上马之前，政府实施机构必须证明其必要性、合理性，且要接受社会资本的遴选、社会公众的监督，不再是行政领导"拍脑袋决策"、"拍胸脯表态"。

(三)有利于提升财政资金使用效率

优化资源配置是构建现代财政制度的基本目标之一。

传统的政府投资模式，往往存在预算软约束、责任不明晰、风险意识淡漠等问题，进而导致财政资金使用效率不高。

PPP模式则不同。其一，PPP项目由社会资本方主导建设与运营，能大大提升项目建设与运营的效率，客观上提升了财政资金使用效率；其二，根据合同约定，PPP项目公司的运作处于政府方和第三方监督之下，且需向公众披露有关项目进展信息，资金使用的透明度大大提升，客观上强化了预算约束。其三，PPP项目实施周期长、风险相对较大，客观上要求财政部门提高监管水平、提升服务能力，这也有利于提升财政资金使用效率。

在PPP模式中，一定规模的财政投入，往往能引导数倍于财政投入的社会资本参与项目建设，从而形成杠杆效应，放大了财政支出对经济增长的促进作用。

推进国家治理现代化的有效举措

党的十八届三中全会提出，要推进国家治理体系和治理能力现代化。与以往采用的"国家管理"相比，一字之差，反映的内涵和实质却很深远。

现代国家治理，更加注重契约精神、市场运作、法治观念，更加注重公平参与、平等协商、绩效评估和结果导向。

(一)有利于强化政府法治意识

法律是治国之重器。PPP模式的精髓，就是依法合作、契约至上。

在PPP模式中，政府与社会资本方是平等的伙伴关系，双方均要受有关合同的约束。政府和社会资本通过签订合同，明确双方的权利义务、风险分担、利益补偿等事项。这其中蕴含的契约精神和法治理念，正是全面推进依法治国的重要体现。因而PPP模式有助于培养政府部门的契约精神、促进依法治国、实现政府治理的现代化。

(二)有利于转变政府职能

PPP模式中政府部门由以往的项目的实施方转变为合作者、监督者。这既有利于政府减少对微观事务的干预，充分发挥市场机制的调节作用，又可以促进政府部门将更多的精力和资源投入到规划和监管上来，提升政府管理社会的水平。

比如，PPP项目实施过程中，政府要识别、准备项目，需要对自身诉求事先加以分析并罗列清楚，还需要与有意向的社会资本互动。在这样的操作模式中，单就项目采购方面，质量必定能够大大提升。这其实是一次次"实操演练"的过程，这就能大大提升政府在整个采购方面的技能。

PPP模式能够将政府的战略规划、市场监管、公共服务与社会资本的管理效率、技术创新有机地结合起来，全面提升公共管理和服务水平。

（三）有利于提升国家治理能力

从国际实践来看，PPP 的效果与国家治理体系和治理能力存在正向相关关系。在治理体系和治理能力强的国家和地区，PPP 有很强的吸引力，项目成功的几率更高。

PPP 对提升国家治理能力的作用主要体现在三个方面。其一，彰显契约精神，改进国家治理机制；其二，发挥市场功能，提高国家治理能力；其三，改进问责机制，强化国家治理约束。

完善和发展中国特色社会主义制度，推进国家治理体系和治理能力现代化，是全面深化改革的总目标。全面推进 PPP，对构建现代财政制度、适应经济发展新常态等方面意义重大。全面推进 PPP 模式，是各个社会系统在不同社会层面的一次次实操，也是推进国家治理现代化的一次次演练与探索，必将带来更大的收获。

贰

物有所值的投资项目

美国加州南部有一条91号公路，其中一段经过橙县(Orange County)。

上个世纪90年代初，由于经济快速发展，91号公路橙县路段异常拥挤，加州政府决定借助PPP模式新建一条"91号快速路"。

项目进展很顺利：1990年12月签约，政府承诺40年内不在附近新建扩建具有竞争性的道路；1995年12月，"91号快速路"投入运营。

这是世界上第一条使用电子收费卡进行全自动收费的公路，也是美国第一条利用社会资本建造的收费公路。

结局看似皆大欢喜。不料，随着当地经济持续发展，91号公路的拥堵问题再次凸显。迫于民意，加州交通部门犹豫再三，1999年1月宣布，在91号公路上新建一条车道分流。

此举触怒了"91号快速路"的私营方，他们立即要求赔偿。经过旷日持久的司法程序和谈判协商，2002年，加州政府花费2.1亿美元回购"91号快速路"。这比造价多出了8000万美元。

尽管采用PPP模式修建公路极为常见，但加州政府还是交了一笔不菲的学费。这个案例提醒我们：PPP不是一个筐，不能什么都往里面装。

【I】适用领域：PPP 不是一剂万能药

英国是 PPP 模式的主要发源地之一，鲜为人知的是，它也是现代马术的起源地。

在英国马术选手嘴边，经常挂着一句俗语：跑什么路，就要骑什么马。换而言之，世界上任何问题都没有万能解决方案。

PPP 的适用领域同样如此，它是助推公共建设领域的一味良药，但它决不是一剂万能药，哪些领域适用 PPP，哪个项目适用 PPP，都有一套规程需要遵循。

PPP 应用的三大领域

PPP 应用较为广泛的行业领域主要有公共交通、公用设施及社会公共服务等。

公共交通项目，包括机场、港口、桥梁、公路、铁路和城市轨道交通等公共服务性强、投资规模大的项目。

公用设施项目，通常是指政府有义务提供的市政公用基础设施项目，包括供电、供气、供水、供热、污水处理、垃圾处理等，有时也包括通信服务设施。这些项目一般具有公益性、自然垄断性、价格弹性较小、政府监管严等特点。

社会公共服务项目，通常包括医疗服务设施、学校、养老院、保障性住房等。这些项目的项目公司有可能承担社会服务设施的建设和运营维护，或者为社会服务设施提供部分或全部的运营和管理服务，或者直接负责提供社会公共服务。

PPP 在国外的适用情况

从 PPP 适用范围来看：PPP 市场较为成熟的国家，比如在欧盟国家尤其是英国，PPP 模式涉及一般公共服务、国防、公共秩序、交通运输、燃料和能源、环境、卫生、娱乐和文化、教育等；其他大多数国家，PPP 模式主要集中在基础设施领域，包括收费公路、轻轨系统、地铁、铁路、桥梁、隧道、机场设施、电厂、电信设施、学校建筑、医院、监狱、污水处理和垃圾处理等。

从区域角度而言，欧洲的 PPP 市场最为发达。

根据全球 PPP 研究机构 PWF（Public Works Financing）的统计数据，1985~2011 年，全球基础设施 PPP 名义价值为 7751 亿美元，其中，欧洲处于领先地位，约占全球 PPP 名义价值的 45.6%，亚洲、澳大利亚占 24.2%，美国、加拿大分别占 8.8%、5.8%，墨西哥、拉丁美洲、加勒比海地区占 11.4%，非洲和中东地区占 4.1%。主要项目涉及交通、卫生、教育，甚至国防和司法等领域。

我国推广 PPP 的重点项目

2014 年，《财政部关于推广运用政府和社会资本合作模式有关问题的通知》发布后，全国各地加快了推广 PPP 的步伐，福建、湖南、安徽等十多个省份纷纷出台相关实施意见或指南，着力开展PPP项目收集和推介工作。

从2014年财政部发布的30个PPP示范项目来看，其中新建项目8个，存量改造项目22个。按行业和领域来分，公共交通项目10个，公用设施项目18个、公共服务项目2个，主要涉及供水、供暖、污水处理、垃圾处理、环境综合整治、交通、新能源汽车、医疗、体育等。

表2-1 财政部2014年12月发布的PPP示范项目分类名单

序号	项目领域	项目名称	类型	具体领域
1	公共交通	新能源汽车公共充电设施网络项目	新建	新能源汽车
		昆山市现代有轨电车项目	新建	轨道交通
		徐州市城市轨道交通1号线一期工程项目	存量	轨道交通
		苏州市轨道交通1号线工程项目	存量	轨道交通
		杭州市地铁5号线一期工程、6号线一期工程项目	存量	轨道交通
		杭州—海宁城市轻轨工程项目	存量	轨道交通
		合肥轨道交通2号线	存量	轨道交通
		重庆市轨道交通三号线（含一期工程、二期工程）	存量	轨道交通
		胶州湾海底隧道一期项目	存量	交通
2	公用设施	张家口市桥西区集中供热项目	存量	供暖
		石家庄正定新区综合管廊项目	存量	地下综合管廊
		抚顺市三宝屯污水处理项目	存量	污水处理
		吉林市第六供水厂建设工程（一期）	存量	供水
		国电吉林热电厂热源改造工程	存量	供暖
		嘉定南翔污水处理厂一期工程	新建	污水处理

续表

序号	项目领域	项目名称	类型	具体领域
		徐州市骆马湖水源地及原水管线项目	存量	供水
		南京市城东污水处理厂和仙林污水处理厂项目	存量	污水处理
		宿迁生态化工科技产业园污水处理项目	存量	污水处理
		如皋市城市污水处理一、二期提标改造和三期扩建工程项目	存量	污水处理
		南京市垃圾处理设施项目	存量	垃圾处理
		池州市污水处理及市政排水设施购买服务	新建	污水处理
		马鞍山市东部污水处理厂	存量	污水处理
		安庆市城市污水处理厂	存量	污水处理
		东山海岛县引水工程(第二水源)	存量	供水
		九江市铜陵湖泊生态环境保护项目	新建	环境综合治理
		湘潭经济技术开发区污水处理一期工程	新建	污水处理
		南明河水环境综合整治二期项目	新建	环境综合治理
		渭南市主城区城市集中供热项目	新建	供暖
3	公共服务	青岛体育中心项目	存量	体育
		如东县中医院整体迁建项目	存量	医疗

从全国各省份目前已发布的 PPP 项目来看，主要集中在交通基础设施、环保、公共服务等领域。比如，湖南推出的 30 个 PPP 示范项目，总投资额 583 亿元，其中交通基础设施项目 13 个，占项目总数的 43.33%，投资额 377 亿元，占总投资额的 64.67%；生态环保项目 7 个，占项目总数的 23.33%，投资金额 33 亿元，占总投资额的 5.66%；社会事业项目 6 个，占项目总数的 20%，投资金额 128 亿元，占总投资额的 21.96%。

【II】遴选项目：奏好三部曲

经常有地方相关部门负责同志说，我们这里想做一批项目，都准备搞 PPP 模式。

当然，PPP 模式是值得倡导的，但那一大批项目是否都适用 PPP，就值得探讨。遴选一个合格甚至优质的 PPP 项目，需要"慧眼识珠"，那是一门技术活。

在实际操作中，一个 PPP 项目需要权衡和涉及方方面面的问题。项目选择不当，一旦失败，既会加重政府负担，又会造成企业损失，更难以为公众提供良好服务。

项目遴选的三个基本原则

PPP 操作流程中，"项目发起"是初步遴选，而"项目识别"最终确定项目是否采用 PPP。

财政部 2014 年 11 月发布的《政府和社会资本合作模式操作指南（试行）》指出："一般而言，PPP 适用于投资规模较大、需求长期稳定、价格调整机制灵活、市场化程度较高的基础设施及公共服务类项目。"这事实上提出了 PPP 项目遴选的三个基本原则：

第一，项目的投资规模大。PPP 模式操作复杂且具有高度的灵活性。每个 PPP 项目均有其特殊的情况和问题需要解决，因而在不同的领域、不同地区甚至不同时期，PPP 项目的具体操作程序均会有所不同，不存在两个完全一样的 PPP 项目。这需要政府方投入大量的人力物力，且要求有关部门具备相关的专业知识和较高的协调能力。因此，PPP 模式存在较高的操作成本。只有在投资规模大的项目中采取这种模式才可能摊低其固定成本，否则是得不偿失的。

另一方面，投资规模大则政府财政可能难以负担，引入社会资本可减轻财政负担。

第二，项目需求长期稳定、价格调整机制灵活。公共基础设施建成后必须在一定期限内保持一定的使用率，否则会造成社会资源的浪费。为了这一要求，PPP 项目遴选的前提条件之一是项目的需求长期稳定，这是为了确保项目为社会所必需，从而避免财政支出和社会资源的低效使用。

同时，需求长期稳定意味着项目未来的收益流比较稳定；而价格调整机制灵活使得项目的收益流有较大的调整空间。采用 PPP 模式可以控制社会资本获得合理的回报率，保证社会资本有足够的参与动力。

第三，项目市场化程度较高。在市场化程度较高的领域，PPP 项目的采购与定价等可参照同类产品或服务的市场交易记录，降低了项目实施难度。同时更有利于借助社会资本的市场运作能力提高项目的建设运营效率。

谁来发起项目？以政府为主

项目发起实际上是 PPP 项目的初步遴选。发起人需要对项目的经济收益、社会效益、投资额进行初步预测，并提出概略的融资方案设想。

PPP项目可以由政府发起，也可以由社会资本发起，以政府发起为主。

（一）政府发起

财政部门（PPP中心）应负责向交通、住建、环保、能源、教育、医疗、体育健身和文化设施等行业主管部门，征集潜在的政府和社会资本合作项目。

行业主管部门选择的项目，应当符合地区的国民经济和社会发展规划及行业专项规划，并从新建、改建项目或存量公共资产中遴选潜在项目。

一般来说，优先选择收费定价机制透明、有稳定现金流的项目，如果选择需政府付费或者使用者付费、政府补贴差价的项目，需要考量项目是否符合当地经济发展实际，财力是否有保障等。

PPP项目的实施机构会同行业主管部门对潜在的PPP项目进行评估筛选，确定备选项目，建立PPP项目库，并应根据筛选结果制定项目年度和中期开发计划。

政府在发起项目时，既要注意寻找和甄别合作伙伴，又要做好自身工作，使项目具有吸引力。政府应着重把握好四个方面：

一是要确保项目在技术上和规定时间内具有可行性；二是要保障社会资本在达到项目要求和服务标准时能获得合理利润率，追求盈利是社会资本投资项目的主要动力，PPP项目时间跨度较长，风险较大，只有合理的利润率才能吸引社会资本参与，同时确保项目的正常运营；三是政府要确保项目在招标或竞争性磋商过程中公开、公平和公正，让社会资本有平等的机会参与到项目中去；四是政府要对项目拟定完善的合同，对项目服务标准、建设要求和风险分担等重大事项进行明确。

(二)社会资本发起

社会资本可以通过国家的发展规划，地方政府的发展规划、城市规划，国家和地方经济工作会议等途径，了解政府重点关注的领域和发展方向，寻找投资 PPP 项目的机会。同时，社会资本还可以加强与行业主管部门的联系和交流，参加政府的 PPP 项目推介会等，获取 PPP 项目信息。

社会资本也可以独辟蹊径，从政府希望减轻财务成本的角度出发，结合自身优势，提出相关 PPP 项目，并开展预可行性研究，主动向政府推介该项目，以实现项目的立项和实施。

是否物有所值？定性+定量

在实施 PPP 项目之前，首先就要判断哪些项目采用 PPP 模式对当地政府来说在经济上是合理的。判断方法主要是从定性分析、定量分析两个方面开展物有所值评价。

物有所值（VFM，Value for Money）是用于方案比较的一个相对概念，主要源于 20 世纪 90 年代的英国。英国将"物有所值"定义为：全生命周期内，产品或服务的成本与质量，在满足使用者需求下的最佳组合。通俗地说，物有所值评价是评估采用 PPP 模式对项目的经济、社会效益及成本的影响。评估者需要分别评估采用和不采用 PPP 模式下，项目的经济成本与收益、社会成本与效益，然后综合上述评估得出采用 PPP 模式相对于传统模式是否可以获得效益提升，以及具体的效益提升值

(或成本下降值)。

物有所值评价是 PPP 项目实施的前置条件，一般在三个层次上进行衡量：其一，直观上的性价比最高，即价格和性能综合考虑最优；其二，从全生命周期来衡量的价格最优，即从采购、使用到处理的全过程成本最低；其三，综合经济、社会效益考虑的性价比最高，通过将质量、价格和效益进行权重分配后综合评价。

物有所值评价，由财政部门（PPP 中心）会同行业主管部门进行，从定性、定量两个方面展开。

(一)定性评价

定性评价主要针对 PPP 方案的可行性，从主观上判断和验证：其一，引入社会资本能否更好地达成项目目标，即 PPP 方案能否增加供给、优化风险分配、提高运营效率、促进创新和公平竞争等；其二，计划采用的具体模式是否对社会资本有足够的吸引力；其三，政府方是否可以负担。

定性评价重点关注的内容是：项目采用 PPP 模式与采用传统的政府采购模式相比，能否增加供给、优化风险分配、提高运营效率、促进创新和公平竞争等。

从目前来看，定性评价主要是通过回答一系列问题（需要事先设计评价因子并列出问题清单），进行主观分析和综合评判。

(二)定量评价

定量评价是指通过全生命周期成本、竞争性中立调整、风险三个方面的货币化，来衡量 PPP 模式相对于传统政府采购模式是否划算。

在这一过程中，政府部门比较值（Public Sector Comparator，

PSC）是评价的基准。它是指在全生命周期内，政府采用传统采购模式提供公共产品和服务的全部成本的现值，主要包括建设运营净成本、风险承担成本、竞争性中立调整等。

之所以考虑竞争性调整，是因为在传统的政府采购模式下，政府往往可以依托体制机制获得某些相对优势，比如减免税费、免费或廉价获取某些资源以及特殊的监管待遇等，因此，有必要把这些隐性的成本节约重新加入进来以体现可比性。

定量评价是一种非常复杂、比较耗费金钱和时间的评估方式，还需要许多精确的历史数据作为参考。竞争性中立调整计算过程中政府的体制机制优势和监管成本更是难以货币化和量化。显然，如果基础条件不太具备，却要进行定量评价，可能带来较大误差，甚至带来决策错误。

我国在 PPP 项目中如何开展物有所值评价，如何确立适合我国国情的物有所值评价，还需要进一步探讨和实践。

财政能否承受？分清责、算准账

财政承受能力论证，是指识别、测算 PPP 项目的各项财政支出责任，科学评估项目实施对当前及今后年度财政支出的影响，为 PPP 项目财政管理提供依据。

对一个项目进行物有所值评价后，还需要进行财政承受能力论证。因为，PPP 模式可能只是短期内减少财政的一次性投入，而当项目开始运营，政府就需要持续付费，或者项目的使用者就需要支付费用。

对于政府付费项目而言，由于政府预算是固定的，而很多

PPP项目未来政府需要支出的费用可能和通货膨胀等方面挂钩。如果费用变动幅度突破政府的承受能力，项目就可能无法正常运行，政府就应承担相应责任，也就可能产生新的政府债务问题。

对于使用者付费项目而言，政府在与社会资本签订PPP合同时，对于价格调整的条款，一定要慎重研究，且要让公众知情，避免企业为了中标，设定一个初期较低的服务价格，并通过快速调整服务价格来获益，这往往会引发公众反对，导致政府进退两难。

财政承受能力论证的结论分为"通过论证"和"未通过论证"。通过论证的项目，财政部门应当在编制年度预算和中期财政规划时，将项目财政支出责任纳入预算统筹安排。未通过论证的项目，不宜采用PPP模式。

（一）分清责任

所谓分清责任，就是一个PPP项目在全生命周期中，哪些时期哪些方面需要政府花钱。

与社会资本的合作方式不同，政府承担的支出责任不同。一般来说，PPP项目全生命周期过程的财政支出责任，主要包括股权投资、运营补贴、风险承担、配套投入等。

其一，分清股权投资支出责任。

是指在政府与社会资本共同组建项目公司的情况下，政府承担的股权投资支出责任。一般来说，PPP项目公司由社会资本控股并负责运行，政府出资额应低于50%。如果项目公司由社会资本单独组建，政府不承担股权投资支出责任。

其二，分清运营补贴支出责任。

是指在项目运营期间政府承担的直接付费责任。一般来说，项目的运营收入主要来源于政府付费或使用者付费。在政府付费模式下，政府承担全部运营补贴支出责任；有些使用者付费的项目，由于使用者支付的金额无法保证项目的正常运营或投资者收益，需要政府进行可行性缺口补助，政府需要承担部分运营补贴支出责任，对于这种类型的项目，政府对使用者的流量或者付费额度的预测，一定要精准或较为精准，避免项目运行后，政府补贴支出责任剧增；使用者付费能够保障项目正常运转和投资者收益的项目，政府不承担运营补贴支出责任。

其三，分清风险承担支出责任。

是指项目实施方案中政府承担风险带来的财政或有支出责任。通常由政府承担的法律风险、政策风险、最低需求风险以及因政府方原因导致项目合同终止等突发情况，会产生财政或有支出责任。

其四，分清配套投入支出责任。

是指 PPP 项目合同中约定的政府提供的项目配套工程等其他投入责任，通常包括土地征收和整理、建设部分项目配套措施、完成项目与现有相关基础设施和公用事业的对接、投资补助、贷款贴息等。配套投入支出应依据项目实施方案合理确定。

(二)算准支出

所谓算准支出，就是一个 PPP 项目在全生命周期中，哪些时期哪些方面政府需要花多少钱。

政府的支出责任进行清晰的识别后，就需要进行支出测算。测算时应综合考虑各类支出责任的特点、情景和发生概率等因素，对项目全生命周期内财政支出责任分别进行测算。

其一，算准股权投资支出。

需要根据资本金要求以及项目公司股权结构合理确定。股权投资支出责任中的土地等实物投入或无形资产投入，应当依法进行评估合理确定价值。计算公式为：

股权投资支出＝项目资本金×政府占项目公司股权比例

其二，算准运营补贴支出。

应根据项目建设成本、运营成本及利润水平合理确定，并按照不同付费模式分别测算。

由政府承担全部付费责任的项目，政府每年直接付费数额包括：社会资本方承担的年均建设成本（折算成各年度现值）、年度运营成本和合理利润。计算方法为：

$$当年运营补贴支出数额 = \frac{项目全部建设成本 \times (1+合理利润率) \times (1+年度折现率)^n}{财政运营补贴周期（年）}$$
$$+ 年度运营成本 \times (1+合理利润率)$$

由政府承担部分付费责任的项目，政府每年直接付费数额包括：社会资本方承担的年均建设成本（折算成各年度现值）、年度运营成本和合理利润，再减去每年使用者付费的数额。计算公式为：

$$当年运营补贴支出数额 = \frac{项目全部建设成本 \times (1+合理利润率) \times (1+年度折现率)^n}{财政运营补贴周期（年）}$$
$$+ 年度运营成本 \times (1+合理利润率) - 当年使用者付费数额$$

（n 代表折现年数，财政运营补贴周期指财政提供运营补贴的年数）

在对运营补贴支出的测算中，年度折现率代表的是企业投入资本的机会成本，要结合财政补贴支出发生年份，并参考同时期地方政府债券收益率（国债利率）合理确定。合理利润率，应该参照商业银行中长期贷款利率水平。不过，由于项目运行时会采取可用性付费、使用量付费、绩效付费等不同的情景，实际利润与项目运行情况有关，因此，实际利润与确定的合理利润率可能存在差别。

在对运营补贴支出的测算中，由于PPP项目实施方案中的定价和调价机制通常与物价指数、劳动力市场指数等挂钩，运营补贴支出责任将受到影响。

其三，算准风险承担支出。

应充分考虑各类风险出现的概率和带来的支出责任，可采用比例法、情景分析法及概率法进行测算。如果PPP合同约定保险赔款的第一受益人为政府，则风险承担支出应为扣除该风险赔款金额的净额。

比例法。在各类风险支出数额和概率难以进行准确测算的情况下，可以按照项目的全部建设成本和一定时期内的运营成本的一定比例确定风险承担支出。

情景分析法。在各类风险支出数额可以进行测算、但出现概率难以确定的情况下，可针对影响风险的各类事件和变量进行"基本"、"不利"及"最坏"等情景假设，测算各类风险发生带来的风险承担支出。计算公式为：

风险承担支出数额 = 基本情景下财政支出数额×基本情景出现的概率+不利情景下财政支出数额×不利情景出现的概率+最坏情景下财政支出数额×最坏情景出现的概率

概率法。在各类风险支出数额和发生概率均可进行测算的情况下，可将所有可变风险参数作为变量，根据概率分布函数，计算各种风险发生带来的风险承担支出。

其四，算准配套投入支出。

土地等实物投入或无形资产投入，应依法进行评估，合理确定价值。计算公式为：

配套投入支出数额＝政府拟提供的其他投入总成本－社会资本方支付的费用

（三）评估能力

在分清责任、算准支出后，需要评估政府有没有能力为PPP项目买单。

财政部门（PPP中心）向各部门征集PPP项目，对单个项目进行支出责任识别和测算后，汇总年度全部已实施和拟实施的PPP项目，进行财政承受能力评估。

如果上报的项目过多，财政部门（PPP中心）可根据PPP模式适用的行业和领域范围，以及经济社会发展需要和潜力情况、公众对公共服务的需求情况，对项目进行排序，优先选择一些对社会发展贡献大、政府支出责任小、公众生活亟需的项目。

具体选择多少项目进入政府预算启动实施？财政部要求，每一年度全部PPP项目需要从预算中安排的支出责任，占一般公共预算支出比例应当不超过10%。

对于被列入地方政府性债务风险预警名单的高风险地区，鼓励采取PPP模式化解地方融资平台存量债务。值得注意的是，要严格控制新建PPP项目的规模，防止因项目实施加剧地方财政收支矛盾，最后由上级政府兜底。

对于财政支出能力评估中，未来年度一般公共预算支出数额，可以参照前五年相关数额的平均值及平均增长率计算，也可以通过建立模型，用历史数据推导将来数据。

在PPP项目正式签订合同时，财政部门（PPP中心）应当对合同进行审核，确保合同内容与财政承受能力论证保持一致，防止因合同内容调整导致财政支出责任出现重大变化。

(四)公开信息

省级财政部门应当汇总区域内的项目目录，及时向财政部报告，财政部通过统一信息平台（PPP中心网站）发布。

地方政府PPP的实施机构应当通过官方网站及报刊媒体，每年定期披露当地PPP项目目录、项目信息及财政支出责任情况。比如，PPP项目的财政支出责任数额及年度预算安排情况、财政承受能力论证考虑的主要因素和指标等。

项目实施后，各级地方政府PPP的实施机构应跟踪了解项目运营情况，包括项目使用量、成本费用、考核指标等信息，定期对外发布。

图2-1 PPP项目财政承受能力论证工作流程图

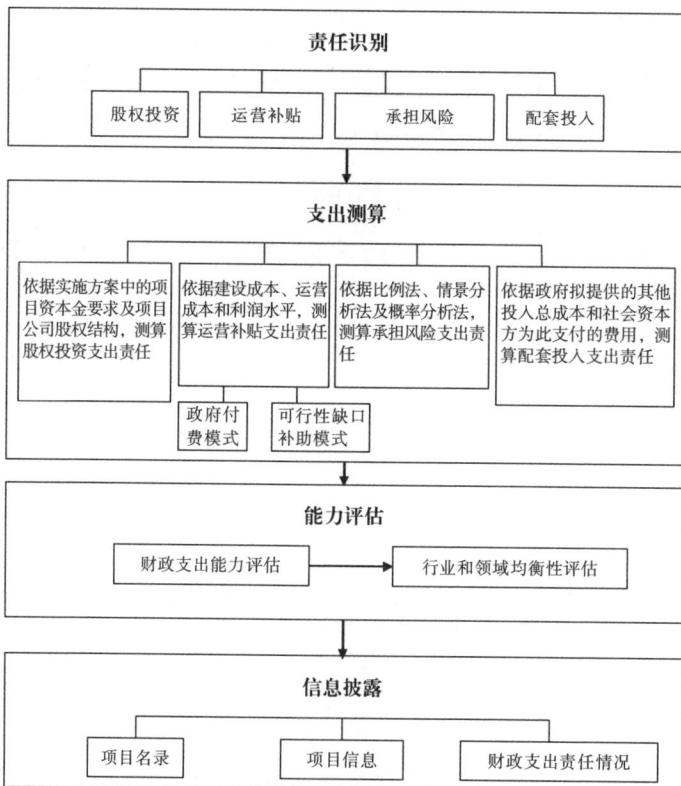

【III】融资计划：撬动更多社会资本

古希腊科学家阿基米德在《论平面图形的平衡》一书中，有一个著名的论断：给我一个支点和一根足够长的杠杆，我就可以撬动地球。

一个重大公共基础项目，投资少则数千万，多则上百亿，单靠政府和一家社会资本的直接投资，往往还不够。因此，撬动更大的社会资本参与 PPP 项目是一个核心问题。

如何寻找那样一个支点和一根杠杆？

如果 PPP 项目不能吸引社会资本参与，则项目的实施就无从谈起。因此，项目融资方案设计的前提考虑是，尽可能保证社会资本方获得一个合理的投资回报率，目的在于保证社会资本有足够的参与动力。社会资本参与 PPP 项目的目的是获得投资回报，而现实中，投资即意味着承担风险。

PPP 模式下项目收益分配与风险分担的合约安排均是在融资方案的基础上做出的，因此，融资方案在很大程度上决定了 PPP 项目中各方的收益分配及风险分担的合约安排。

设计融资计划需要"四步走"

融资方案设计依次需要确定：①项目全生命周期内需要投入的资金总额，以及每年度的投资额；②政府财政投入的金额和方式；③社会投资人的投资额和投资方式；④考虑前面三步之后剩下的资金缺口如何弥补，提出具体的融资方案。其中①可视为融资方案设计的前期准备工作。

在确定项目全生命周期内需要投入的资金总额，以及每年度的投资额之前，还要做好如下前期准备工作：

其一，预测估算项目的设计、建造、运营等成本，以及成本的发生时间；

其二，预测计算项目的收益现金流。如果项目产品或服务是使用者付费，则事先要预测项目未来的市场需求、初步确定付费方式、定价机制，由此测算其收益现金流；如果是政府付费，则可在上述②、③、④步之后再来确定政府付费方式与金额大小，即根据项目的融资成本和社会资本方所需要的投资回报率来确定政府付费或补贴的总金额。

确定政府与社会资本方出资额

确定项目全生命周期内的投资总额，以及每年度的投资额后，即可正式进行融资方案的设计。大多数 PPP 项目均需要设立项目公司，对于期限较长，实施内容复杂的项目尤其如此。政府与社会资本方的出资额构成项目公司的股本金，在性质上等同于权益融资。

(一)政府与社会资本方的出资总额

在决定政府与社会资本方各自的出资额之前，必须先确定双方出资的总额——即项目公司需要多少股本金。

项目公司的股本金反映公司的风险承担能力。当股本金过低时，项目公司风险承受能力低，则潜在债权人或投资人将不愿放款给项目公司；因而公司的外部融资将会遇到很大困难，或者面临较高的融资成本。反之，若股本金过高则会增加政府和社会资本方的出资负担。

在一些相关项目投资的管理法规中，我国对一些项目的资本金比例明确了最低限额。比如，铁路、公路、城市轨道交通等项目，最低资本金比例为25%。

因此，如何确定政府与社会资本方的出资总额主要取决于上述两方面的权衡考量。其中，以有利于项目外部融资的顺利实现以及降低外部融资成本为主要决策依据。具体实践中，当项目本身风险较低时，项目公司的股本金占项目总投资的比例可以适当降低；反之，对实施内容复杂、风险较高的项目，则需要较高的股本金占比。

(二)双方各自的出资额

确定政府与社会资本方的出资总额后，接下来需要确定双方各自的出资额。可初步设定一个比例，然后在项目采购阶段由双方磋商谈判决定。政府方的出资额要考虑到短期内的财政承受能力，并以此为出资上限。

对于收益能够完全覆盖成本的项目，双方出资比例会影响到收益分配安排。在双方的磋商谈判中，两者需要统筹考虑，构成谈判的一个重要内容。而对于收益不能覆盖成本，因而需要政府付费或补贴的项目，尽管政府不参与收益分配，但是其出资额的高低仍会影响到未来付费或补贴的额度，两者亦需要统筹考虑。

社会资本方提出外部融资计划

一般来说，政府与社会资本方的出资总额仅占项目总投资的一小部分，剩余的资金缺口必须通过外部融资弥补。项目的外部融资计划是整个项目融资方案的主要构成部分。但详细的外部融资计划应由社会资本方设计提出，并承担计划失败的风险。

考虑到 PPP 项目一般都有一定期限，而且相关合同中往往规定了有关股权变更限制的条款。因此，绝大多数情况下，项目公司不会采用权益融资，项目外部融资主要是债务融资。主要融资渠道有银行贷款、企业债券、信托基金、资产证券化（ABS）等。

从世界范围来看，商业银行是 PPP 项目的主要融资渠道。对我国而言，由于金融市场发育有待完善，金融衍生品还有待丰富，利率市场化改革正在推进，所以，目前 PPP 项目主要融资方式是银行贷款。

不过，通过其他渠道的融资方式，比如发行企业债券、基金定投等，也开始在 PPP 项目中逐步使用。比如，湖北随州的一个 PPP 项目，就采用了契约型基金的方式：天风证券设立发起一个名叫"天翼 1 号私募专项投资基金"，湖北银行发行理财产品专门对应项目，向社会募资认购私募基金，私募基金作为出资方进入到项目公司的股权里，和城投公司共同运营、共同参与建设。

资产证券化（ABS）是指将缺乏流动性，但有可预见的、稳定的现金流的资产归集起来，通过一定安排，对资产中的风险与收益进行重组与分离，进而转换为在金融市场上可以出售和流通的证券的过程。

ABS 最早兴起于美国，通过项目收益资产证券化来为项目融资，即以项目所拥有的资产为基础，以项目资产可以带来的预期收益为保证，通过在资本市场发行债券来募集资金的一种融资方式。这种融资方式当前在我国应用得还不广泛。

对于融资金额巨大、期限较长且预期未来具备稳定收益流的 PPP 项目，采用资产证券化可能是恰当的选择。在推广 PPP 模式的过程中，可以预见，未来将有不少项目符合上述特征，因此，ABS 在未来的 PPP 项目融资中将有广阔的应用前景。

【IV】项目准备：精心编制实施方案

居高方可望远，只有目营心匠，才能编制出可供执行的项目实施方案。

政府要确保 PPP 项目顺利实施，就需要制定完善的政策措施和战略，并参与项目发起准备、招标采购、合同管理、中期评估和绩效评价等全生命周期管理。

从中央政府层面来看，当前，世界上大多数 PPP 模式运用成熟的国家和地区，都成立了国家和地区 PPP 中心，制定 PPP 政策，设计 PPP 发展战略，并作为 PPP 各项工作的专门管理机构。

从地方政府层面来看，更多是面对具体 PPP 项目的实施。一个项目能够成功实施，项目准备尤为关键。

根据财政部规定，项目通过物有所值评价和财政承受能力论证后，可以进行项目准备。

设立 PPP 专门协调机构

PPP 专门协调机构和实施机构设在哪里比较合适？这是 PPP 项目准备阶段甚至识别阶段就要面对的一个重要问题。

当前，世界上 PPP 模式运用成熟的国家，国家 PPP 中心的设置主要有两种方式：在财政部设立，或独立于政府部门之外。

运用比较成功的国家，大多将 PPP 中心设置在财政部。比如，经济合作与发展组织 17 个设立了 PPP 中心的成员国中，有 10 个国家就将 PPP 中心设置于财政部，其中英国就是成功运用 PPP 模式的典范。

有的国家还在地方设立了 PPP 中心。比如英国、澳大利亚、巴西、德国等，地方 PPP 中心接受国家 PPP 中心的指导和支持，以确保工作方法的一致性和实践经验的及时分享与推广，同时，也可以及时处理出现的风险，并对项目进行相应调整。

在我国，根据党的十八届三中全会《决定》重要举措分工方案，财政部是落实"允许社会资本通过特许经营等方式参与城市基础设施投资和运营"改革举措的第一责任部门。

财政部随即设立了 PPP 中心，主要承担与 PPP 相关的政策研究、咨询培训、能力建设、融资支持、信息统计和国际交流等工作。具体职责包括：

收集整理国内外 PPP 相关的理论与案例分析，研究 PPP 项目实践中政府采购、预算管理、投融资机制、风险控制等问题；制定 PPP 操作指引、合同指南，协助政府筛选适用 PPP 的行业、选择合适的 PPP 模式、制定规范的 PPP 项目流程等，开展 PPP 示范项目建设；开展咨询培训，在 PPP 项目识别、评估、招标采购、合同管理等环节，为政府提供技术支持，开展培训提高 PPP 工作人员的业务能力；通过股权、贷款和担保等方式支持 PPP 项目融资，推动融资便利化；建立 PPP 信息平台，完善统计制度；开展与国际组织和机构的 PPP 工作合作与交流。

根据财政部的要求，县级和县级以上地方政府可建立 PPP 专门协调机构；地方政府或其指定的有关职能部门或事业单位可以作为项目实施机构。

一般来说，地方政府可以在财政部门设立 PPP 办公室（PPP 中心），搭建专业团队，负责项目准备、采购、监管和移交等工作。

由于 PPP 项目涉及政府采购、政府付费和绩效评价等过程，财政部门统筹 PPP 工作，有利于将 PPP 与其他财政支出、政府债务等统筹管理。

实施方案包括七个方面

经过项目发起（初步遴选）、项目识别（确定采用）这两个阶段后，项目实施机构可以开始编制项目实施方案。

地方政府指定的项目实施机构，可以根据项目的实际情况，选择合适的专业咨询顾问机构进行项目评估，测算项目未来现金流和定价的基础数据，编制项目实施方案。

项目实施方案主要包括七个方面。

（一）项目概况

项目概况主要包括基本情况、经济技术指标和项目公司股权情况等。

基本情况主要明确项目提供的公共产品和服务内容、项目采用政府和社会资本合作模式运作的必要性和可行性，以及项目运作的目标和意义。

经济技术指标主要明确项目区位、占地面积、建设内容或资产范围、投资规模或资产价值、主要产出说明和资金来源等。

项目公司股权情况主要明确是否要设立项目公司以及公司股权结构。

(二)风险分配

按照风险分配优化、风险收益对等和风险可控等原则，综合考虑政府风险管理能力、项目回报机制和市场风险管理能力等要素，在政府和社会资本间合理分配项目风险。

政府的风险转移是采用 PPP 模式的一个较大优点，不过，风险转移的同时是社会资本承担风险所要求或期待获得的对等的收益，希望把所有的风险都交给社会资本承担也是一种危险的倾向。因为，风险越大，社会资本对利润率的期望就越高。

所以，对风险进行合理的分配很有必要。风险分配应遵循的准则是风险由最有能力管理风险的一方来承担，即能够以最低的成本来控制风险的一方来承担。一般来说，项目设计、建造、融资和运营维护等商业风险由社会资本承担，法律、政策、最低需求和政府违约等风险由政府承担，不可抗力等风险由政府和社会资本合理共担。

对于项目中的一些风险，项目公司可以通过购买相关保险进行分担。

(三)运作方式

项目运作方式主要包括委托运营（O&M）、管理合同（MC）、建设—运营—移交（BOT）、建设—拥有—运营（BOO）、转让—运营—移交（TOT）、改建—运营—移交（ROT）等。

具体运作方式的选择，主要由收费定价机制、项目投资收益水平、风险分配基本框架、融资需求、改扩建需求和期满处置等因素决定。

O&M，是指政府将存量公共资产的运营维护职责委托给社会资本或项目公司，社会资本或项目公司不负责用户服务的项目运作方式。政府保留资产所有权,只向社会资本或项目公司支付委托运营费。

MC,是指政府将存量公共资产的运营、维护及用户服务职责授权给社会资本或项目公司的项目运作方式。政府保留资产所有权,只向社会资本或项目公司支付管理费。

BOT包含了建设、运营和移交等过程。在这种运作方式中,融资是一个需要重点考量的方面。BOT以项目本身信用为基础进行融资,银行只能依靠项目资产或项目的收入回收贷款本金和利息。银行承担的风险较企业融资大很多,如果项目失败了,银行可能无法收回贷款本息,因此项目结构往往比较复杂。为了实现这种复杂的结构,需要做大量前期工作,前期费用较高。不过,在实际的BOT项目运作过程中,政府或项目公司的股东或多或少都会为项目提供一定程度支持,银行对政府或项目公司股东的追索只限于这种支持的程度,而不能无限追索。

BOO包含了建设、拥有和运营等过程,BOO项目投资者在运营项目后,项目的所有权不再归还给政府,而是归项目投资者所有,政府部门既节省了大量财力、物力和人力,又可在瞬息万变的信息技术发展中始终处于领先地位,企业也可以从项目承建和维护中得到相应的回报。同时,由于企业拥有项目的所有权,企业会更好地维护好项目资产,以提高其持续运营的能力。不过在合同中必须注明保证公益性的约束条款,既要确保企业获得合理的利润,又要保障好公众的利益。

TOT通常是指政府部门或国有企业将建设好的项目的一定期限的产权或经营权,有偿转让给投资人,由其进行运营管理;投资人在约定的期限内通过经营收回全部投资并得到合理的回报，双方合约期满之后，投资人再将该项目交还政府部门或原企业的项目运作方式。TOT 最大优点就是盘活了城市基础设施存量资产，促进社会资源的合理配置，提高资产的使用效率。

ROT，是指政府在 TOT 模式的基础上，增加改扩建内容的项目运作方式。

表 2-2　不同 PPP 运作方式的区别

项目类型	区别	期限	适用范围
委托运营	委托运营中社会资本或项目公司不负责用户服务,而管理合同中社会资本或项目公司承担用户服务职责。	不超过 8 年	存量项目
管理合同		不超过 3 年	存量项目
BOT	BOO 项目的所有权不归还给政府。	20—30 年	新建项目
BOO		永久	新建项目
TOT	ROT 在 TOT 的基础上，增加了改建和扩建内容,使其更好地满足公众的需求。	20—30 年	存量项目
ROT		20—30 年	存量项目

（四）交易结构

交易结构主要包括项目投融资结构、回报机制和相关配套安排。

项目投融资结构主要说明项目资本性支出的资金来源、性质和用途，项目资产的形成和转移等。

项目回报机制主要说明社会资本取得投资回报的资金来源，包括使用者付费、可行性缺口补助和政府付费等支付方式。

相关配套安排主要说明由项目以外相关机构提供的土地、水、电、气和道路等配套设施和项目所需的上下游服务。

【I】项目采购：找准黄金搭档

老百姓居家买东西，都希望物美价廉，除非他是"钱多多"，除非他愿意"不求最好，但求最贵"。

PPP项目采购，和居家买东西不同，它实际上是一个选择向谁"采购"的过程，尤为看重的是，对方要价如何，能够提供哪些产品或服务，以什么方式提供。

依照财政部的规定，PPP项目采购，是指政府在遵循公开、公平、公正和诚实信用原则基础上，按照相关法规要求完成PPP项目识别、项目准备等前期工作后，依法选择社会资本合作者的过程。

当前，国务院及财政部等部门出台了一系列关于PPP的政策文件。从这些文件和国际国内实践来看，PPP项目与传统的政府采购项目相比，在价值目标、合作关系等方面存在较大区别，这在客观上要求政府不断创新采购方式，适应PPP选择合作伙伴的需求。

PPP项目采购≠传统政府采购

政府采购这个词，现在已经走进了更多人的生活，比如，电脑更新换代，政府需要找经销商采购；城市需要建设一块公共绿地，政府需要掏钱找建筑公司修建。

PPP 项目采购，既可以纳入广义的政府采购范畴，又不同于传统的政府采购。

传统的政府采购一般是付现、即刻收货。PPP 项目采购的重要特征是：政府描述产出要求，与社会资本签订长期合作合同，社会资本按合同提供本该由政府提供的产品（服务）。

(一)资金情况不同

传统的政府采购行为是指使用财政资金采购货物、工程和服务的行为。

招标活动本质上是一种购买行为，因此，《招标投标法》和《政府采购法》都认为招标、采购的前提是资金的落实，即招标采购是一种花钱行为，其合作伙伴为其提供货物、服务或工程施工。

而 PPP 模式，主要是为了引入社会资本共同投资，增强公共产品供给能力。

PPP 项目采购的目的是选择合作的社会资本，所选择的社会合作伙伴同时也是项目出资方：社会合作伙伴投资政府选定的项目，通过经营或为社会提供服务的方式取得回报。

(二)合同关系不同

传统政府采购货物、工程和服务，勘察、设计、施工合同属于建设工程合同，货物合同属于买卖合同，监理合同属于委托合同，政府采购招标单位与合同乙方的关系简单、清晰。

而在 PPP 模式下，政府通过特许经营、购买服务、股权合作等方式，与社会资本建立的是利益共享、风险分担、长期合作关系。

一系列合同组成了一个项目的合同体系，合同体系主要包括项目合同、股东合同、融资合同、工程承包合同、运营服务合同、原料供应合同、产品采购合同和保险合同等。PPP合同关系比传统项目合同关系要复杂得多。

(三)采购内容不同

招标采购的范围和内容在传统的政府招标采购项目中是明确的、固定不变的。招标采购文件中对招标采购范围和内容有严谨的描述，设计任务书、规定条件和指标，工程有图纸和工程量清单要求；货物有采购货物的数量、规格和技术要求。

而在PPP项目采购文件中，政府和社会资本合作的内容、盈利模式、利益怎么分配、风险怎样承担及技术、服务要求等都是可以变化、非固定的，需要政府和社会资本不断交流沟通才能形成最终采购需求方案。

(四)合同期限不同

与PPP项目期限相比，传统政府资金招标采购项目合同服务期限都较短，多为项目建设、供货时间，多则两三年，少则几十天。

而PPP项目强调的是整个项目的全生命周期，它是从项目可行性研究、设计、融资、建造、运营、维护至终止移交的完整周期，合同期限相对较长。

比如，建设—运营—移交（BOT）、转让—运营—移交（TOT）、改建—运营—移交（ROT）等运作方式，其合同期限一般为20—30年。

(五)风险大小不同

传统政府招标采购项目合同期限短，合同内容清晰明确，有成熟的商业模式、技术标准、规范要求，合同双方风险小。

而 PPP 项目要考虑设计、融资、建造、运营、维护至终止移交的整个工作内容及合同期内所有影响项目因素，时间长，不可控因素多，风险大，投资回报高。相比之下，两者的风险大小有着明显的区别。

（六）参与群体不同

传统政府资金招标采购项目参与群体相对固定，工程是建筑承包商，货物是厂家或经销商，服务是勘察、设计、监理或其他服务提供方。

而 PPP 项目中的社会合作伙伴，需要有强大的项目运作能力、整合能力以及与项目匹配的资金实力。参与方主要有金融机构、大运营商、综合承包商。社会合作伙伴取得合同后，又需要将工作内容再次分发，因此，社会参与方的群体很大。

编制 PPP 采购文件

PPP 采购文件的编制，是政府或其授权的机构实施 PPP 项目初期一项重要的基础性工作。

采购文件可能有各种各样的名称，比如投标邀请书、邀请提交建议书、竞争对话邀请书等，但基本内容大致相同。

（一）资格预审

资格预审的主要目的是为了筛选出能够达到项目交付所要求的技术和财务能力的社会资本。

在这一环节中，要避免明显不具备项目实施能力的社会资本投标人花费太多时间和精力，同时，也要使政府能够更加专注于可能满足项目交付需求的社会资本投标人。

项目实施机构应根据项目需要准备资格预审文件，发布资格预审公告，邀请社会资本和与其合作的金融机构参与资格预审，验证项目能否获得社会资本响应和实现充分竞争，并将资格预审的评审报告提交财政部门（PPP中心）备案。

项目有3家以上社会资本通过资格预审的，项目实施机构才可以继续开展采购文件准备工作；项目通过资格预审的社会资本不足3家的，项目实施机构应在实施方案调整后重新组织资格预审；项目经重新资格预审后，合格社会资本仍不够3家的，可依法调整实施方案选择的采购方式。

在这个阶段，政府部门不应期望社会资本投标人花费大量资源详细研究项目，而应该重点关注与投标人资质和能力相关的信息。

(二)资格预审公告

资格预审公告，应该在省级以上政府财政部门指定的媒体上发布。

公告的内容包括项目授权主体、项目实施机构和项目名称、采购需求、对社会资本的资格要求、是否允许联合体参与采购活动、拟确定参与竞争的合格社会资本的家数和确定方法，以及社会资本提交资格预审申请文件的时间和地点。

提交资格预审申请文件的时间自公告发布之日起不得少于15个工作日。

(三)项目采购文件

项目采购文件应包括采购邀请、竞争者须知（包括密封、签署、盖章要求等）、竞争者应提供的资格、资信及业绩证明文件、采购方式、政府对项目实施机构的授权、实施方案的批复和项目相关审批文件、采购程序、响应文件编制要求、提交响应文件截止时间、开启时间及地点、强制担保的保证金交纳数额和形式、评审方法、评审标准、政府采购政策要求、项目合同草案及其他法律文本等。

采用竞争性谈判或竞争性磋商采购方式的项目采购文件，除了上述规定的内容外，还应该明确评审小组根据与社会资本谈判情况可能实质性变动的内容，包括采购需求中的技术、服务要求以及合同草案条款。

在这个阶段，政府主管部门需要向社会资本投标人提供更为详细的信息，包括全套 PPP 格式合同。

一套 PPP 项目采购文件需要包括的主要内容为：

法律依据及项目背景概要；实施项目的必要性；对服务的要求；政府能够提供的支持，包括经营方面和财务方面等；市场的基本信息，比如交通流量、道路信息等；PPP 合同草案，包括风险转移条款、具体的产出要求和建议的价格范围；进行实地考察的计划、召开谈判会议、招标会议的计划；社会资本投标文件必须包含的内容；投标期限；评标的标准；总体的项目时间表。

与之相对应的，社会资本投标人对 PPP 项目采购文件的答复，需要涵盖以下事项：

技术和设计；施工计划；服务标准和服务的提供情况；有关分包商和转包商的详细情况；在施工、提供服务和经营阶段的管理结构；质量控制和安全保障的程序；经济上的可行性，比如，在特许权经营下对于需求的预期；保险覆盖的范围；项目成本；融资策略的结构；对 PPP 合同草案的保留意见或提出的修改意见；有关服务费的建议。

(四)设立评审小组

评审小组由项目实施机构代表和评审专家共 5 人以上单数组成，其中评审专家人数不得少于评审小组成员总数的2/3。

评审专家可以由项目实施机构自行选定，但评审专家中应至少包含 1 名财务专家和 1 名法律专家。

项目实施机构代表不得以评审专家身份参加项目的评审。

PPP 采购流程的确定

PPP 采购方式包括公开招标、邀请招标、竞争性谈判、竞争性磋商、单一来源采购。

公开招标的方式，主要使用于核心边界条件和技术经济参数明确、完整，符合国家法律法规和政府采购政策，且采购中不作更改的项目。

值得注意的是，公开招标、邀请招标、竞争性谈判等方式，由于缺少实质性沟通环节，在 PPP 项目实际操作中，往往不是最佳采购方式。因为，PPP 项目提供的公共产品和服务内容的运作方式、投融资结构、回报机制、相关配套安排、项目合同等内容，涉及面广，许多内容政府方无法单方面确定，必须与合作方共同磋商确定。

因此，PPP 采购往往采用竞争性磋商方式进行。

在竞争性磋商方式中，评审小组可以与社会资本进行多轮谈判，谈判过程中可实质性修订采购文件的技术、服务要求以及合同草案条款，但不得修订采购文件中规定的不可谈判核心条件。项目采用竞争性磋商采购方式开展采购的，按照下列基本程序进行：

(一)采购公告发布及报名

竞争性磋商公告应在省级以上政府财政部门指定的媒体上发布。

公告内容包括：项目实施机构和项目名称、项目结构和核心边界条件、是否允许未进行资格预审的社会资本参与采购活动，以及审查原则、项目产出说明、对社会资本提供的响应文件要求、获取采购文件的时间、地点、方式及采购文件的售价、提交响应文件截止时间、开启时间及地点。

提交响应文件的时间自公告发布之日起不得少于 10 个工作日。

(二)资格审查及采购文件发售

已经进行资格预审的，评审小组在评审阶段不再对社会资本资格进行审查。

允许进行资格后审的，由评审小组在响应文件评审环节对社会资本进行资格审查。

项目实施机构可以视项目的具体情况，组织对符合条件的社会资本的资格条件，进行考察核实。

采购文件售价，应按照弥补采购文件印制成本费用的原则确定，不得以营利为目的，不得以项目采购金额作为确定采购文件售价依据。

采购文件的发售期限自开始之日起不得少于 5 个工作日。

(三)采购文件的澄清或修改

提交首次响应文件截止之日前，项目实施机构可以对已发出的采购文件进行必要的澄清或修改，澄清或修改的内容应作为采购文件的组成部分。

澄清或修改的内容可能影响响应文件编制的，项目实施机构应在提交首次响应文件截止时间至少 5 个工作日前，以书面形式通知所有获取采购文件的社会资本；不足 5 个工作日的，项目实施机构应顺延提交响应文件的截止时间。

项目实施机构应组织社会资本进行现场考察或召开采购前答疑会，但不得单独或分别组织只有一个社会资本参加的现场考察和答疑会。

(四)响应文件评审

项目实施机构应按照采购文件规定组织响应文件的接收和开启。

评审小组对响应文件进行两阶段评审：

确定最终采购需求方案。评审小组可以与社会资本进行多轮谈判，谈判过程中可实质性修订采购文件的技术、服务要求以及合同草案条款，但不得修订采购文件中规定的不可谈判核心条件。实质性变动的内容，须经项目实施机构确认，并通知所有参与谈判的社会资本。

综合评分。最终采购需求方案确定后，由评审小组对社会资本提交的最终响应文件进行综合评分，编写评审报告并向项目实施机构提交候选社会资本的排序名单。

响应文件的评审，一般需要重点评审的方面为：

其一，服务价格比较。

如果收到的响应文件所涉及的技术、服务、工期相差不大，只需要比较服务费就可以作出评审决定。比较服务价格时，需要对未来支付的金额贴现到净现值。这正是价格比较的一个难点：需要就成本与长期灵活性之间进行平衡，尤其是在融资最初成本比较低的时候。

其二，合同期限比较。

对于社会资本收取固定服务费的 PPP 项目，一般需要重点评审合同期限。一种常用的方式是保持开放式的合同期限，并在以下情况发生时终止 PPP 合同：①达到了投标人所要求的回报率。在这种情况下，要求回报率最低的社会资本投标人中标。②达到了投标人所要求的收入的净现值。在这种情况下，要求收入的净现值最低的社会资本投标人中标。

其三，风险可控比较。

合同期限比较产生的一个问题是，风险因素没有考虑在内。如果考虑风险因素的不确定性，收取服务费最低的社会资本投标人，不一定就是最佳合作伙伴。这就需要综合考察社会资本投标人的风险掌控能力。

其四，补贴程度比较。

有一些 PPP 项目，不是基于服务价格的比较，而是基于政府需要提供补贴程度的比较。这种情况往往出现在特许经营的项目中，这就需要着重比较补贴程度。

其五，综合指标比较。

这是一种更为复杂的评价体系。需要对社会资本投标人所提出的设计、完工程度、可靠性、服务质量、风险转移等方面和政府认为的其他重要方面进行打分，以找出对这一 PPP 项目来说最合适的合作伙伴。

（五）谈判与订立合同

项目实施机构应成立专门的采购结果确认谈判工作组。按照候选社会资本的排名，依次与候选社会资本及与其合作的金融机构就合同中可变的细节问题进行合同签署前的确认谈判，率先达成一致的即为中选者。

特别需要注意的是，确认谈判不得涉及合同中不可谈判的核心条款，不得与排序在前但已终止谈判的社会资本进行再次谈判。

确认谈判完成后，项目实施机构应与中选社会资本签署确认谈判备忘录，并将采购结果和根据采购文件、响应文件、补遗文件和确认谈判备忘录拟定的合同文本进行公示，公示期不得少于5个工作日。

合同文本应将中选社会资本响应文件中的重要承诺和技术文件等作为附件。

合同文本中涉及国家秘密、商业秘密的内容可以不公示。

公示期满无异议的项目合同，应在政府审核同意后，由项目实施机构与中选社会资本签署。

需要为项目设立专门项目公司的，待项目公司成立后，由项目公司与项目实施机构重新签署项目合同，或签署关于承继项目合同的补充合同。

项目实施机构应在项目合同签订之日起2个工作日内，将项目合同在省级以上人民政府财政部门指定的媒体上公告，但合同中涉及国家秘密、商业秘密的内容除外。

【Ⅱ】合同体系：让伙伴各尽其责

宋代儒学大家程颐有句名言：得其所则安，失其所则悖。意思是说，万物并行不悖，在于各自找准定位并依此运行。

PPP 模式是一个复杂的系统，其顺利推进，也需要项目参与方"各安其所"、各尽其责。所以，项目参与方要签订一系列合同，来确立和调整彼此之间的权利义务关系。

PPP 项目合同体系，通常包括项目合同、股东合同、履约合同（包括工程承包合同、运营服务合同、原料供应合同、产品或服务购买合同）、融资合同和保险合同等。项目合同是整个 PPP 项目合同体系的基础和核心。

合同体系中，各个合同之间并非完全独立、互不影响，而是紧密衔接、相互贯通的。

合同体系的内容

实施一个 PPP 项目，最重要的是搭建完备的合同体系。这是项目参与方义务与权利的基本约定和法律保障，也是项目成败的关键性因素。

合同体系非常复杂，一般而言，可以从 PPP 合同签约阶段、合同签约方、合同性质等方面，对各种合同进行分类。

（一）按签约阶段分类

PPP 项目全生命周期可以分为三大阶段：准备和招标阶段、融资和建设阶段、运营和移交阶段。

其一，准备和招标阶段。

在这一阶段，运作 PPP 项目的主要工作包括：确定项目、项目立项、招标准备、资格预审、准备投标文件、评选候选中标人、谈判、确定中标者。

PPP 项目由政府或社会资本发起，其中以政府发起为主。

如果是政府发起，由于其一般缺乏公共项目建设领域专业知识，往往会委托专业咨询机构对项目进行技术经济考察、招标，直到确定中标方，共同组建项目公司，最后与项目公司签订 PPP 项目合同。

如果是社会资本发起，政府应全面考察项目的必要性、可行性，社会资本的资质情况等，决定是否批准其申请。申请获准后，政府再与社会资本通过谈判签订特许协议。

综上所述，在准备和招标阶段，主要签订三种协议：项目合同、咨询协议、股权协议。

其中，项目合同不仅涵盖项目的融资、建设，还包括经营、移交和风险承担。一般而言，项目合同包括的内容有：特许经营权范围（包括授权范围、特许期限等）、融资、建设、经营和维护、项目的收费和计算、移交、合同义务的转让等。

咨询协议一般包括咨询公司的工作范围、主要咨询专家的资格和经验、服务价格和付款方式以及双方责任。

股权协议规定有关招股条件和合同条件，约定各股东按比例认购股份，它不仅体现项目公司存在的本质、合作的实质，而且具有项目的所有权、决策权、收益与风险的分配权。

由于PPP项目具备公共性，因此，项目立项等情况，还需要接受第三方社会监督主体的监督，政府或项目公司会与监督方签订监督协议。

其二，融资与建设阶段。

PPP项目由于投资金额巨大，融资方案的优劣，很大程度上决定了投资者在项目中的盈亏。

项目建设阶段，项目公司的主要工作包括：原材料采购及运营、设备安装及运输、项目设计、施工，必要的时候还需要购买保险或者由第三方提供担保。

综上所述，在融资与建设阶段，主要签订的合同包括：融资合同、建设合同、设备及原材料供应协议、承购协议、项目管理协议、担保协议、保险合同等。

由于PPP项目的高风险性，且贷款属于有限追索，因此，担保合同会伴随融资合同生成，为项目公司提供担保。

建设合同需要对设计标准和规范、质量要求、施工进度、工程款的支付及索赔等事项进行说明，明确合同双方的权利义务。在订立建设合同时，项目公司和承包商需要充分考虑双方控制风险的能力及承担风险的意愿。

承购协议需要对产品、服务出售及付款方式进行明确。

PPP项目融资的高风险性，要求项目各方都要准确地认定自己所面临的主要风险，并采取相应的投保等措施。

因此，项目各方可根据需要，订立保险合同，降低或转移自身风险。

其三，运营和移交阶段。

项目建成后，一般由运营商运营和维护，投入使用后所产生的项目收益，将用来支付运营成本、还本付息、税收和盈利分红。

项目收益的分配有一定顺序：首先是项目运营和维护费，保险费，折旧费；其次是贷款利息，税，贷款本金；最后是股东分红。

特许经营期到期后，项目公司按特许经营协议中规定的要求将项目移交政府。

这一阶段所涉及的合同主要是运营管理合作协议。

该协议对运营商设置了资格条件与行为规范，以保证项目获得稳定收益，避免项目公司及其他参与方蒙受重大损失。

(二)按合同签约方分类

从合同签约方来分类，一个 PPP 项目的合同体系中，主要有四类合同：政府与社会资本之间的协议；政府与项目公司之间的 PPP 项目合同；项目公司与贷款人之间的贷款协议；项目公司与承包商或运营商等之间的履约协议。

(三)按合同性质分类

PPP 项目合同体系兼具"合同性"和"行政性"。其中，"合同性"即"私法性"，强调合同双方的平等合作关系；"行政性"即"公法性"，强调行政部门的行政优益权。

在各种合同中，政府与项目公司间的特许经营协议，是政府部门代表公众、以实施行政管理为目的，与项目公司就有关事项达成的协议，具有公法性质，属于行政合同，既要保护公共利益，也要兼顾私人利益，这是 PPP 合同区别于一般工程承包合同的特性。

其他的贷款协议、保险协议、供应合同、施工合同、经营合同等均为公司与公司之间签订的合同，具有私法性质，为民事合同。

表 3-1　一个 PPP 项目所涉各种合同按性质分类表

合同签订阶段	合同文件名称	合同签订人	合同内容	合同性质
前期招标阶段	PPP 项目合同	政府与项目公司	政府支持文件	行政合同
	咨询协议	咨询单位与政府（投资人）	咨询文件	民事合同
	股东协议	社会投资人与政府	公司文件	民事合同
	监督协议	项目公司与监督者	项目和公司文件	民事合同
融资建设阶段	融资合同	项目公司与贷款人	融资文件	民事合同
	建设合同	项目公司与承包商	项目文件	民事合同
	担保协议	项目公司	担保文件	民事合同
	项目管理协议	项目公司与承包商	项目文件	民事合同
	设备及原材料供应协议	项目公司	项目文件	民事合同
	承购协议	项目公司与购买者	项目文件	民事合同
	保险合同	项目公司与保险公司	保险文件	民事合同
	分包合同	承包商与劳务公司	项目文件	民事合同
运营移交阶段	运营管理合作协议	项目公司与运营管理公司	项目文件	民事合同

（三）按必要程度分类

PPP 项目合同体系中涉及的合同，也可以分为必要合同和可选合同。

政府与项目公司签订的项目合同是必要合同，其他合同为可选合同。可选合同又可以继续细分为核心可选合同、主要可选合同、次要可选合同。

图 3-1　一个 PPP 项目所涉各种合同按必要程度分类图

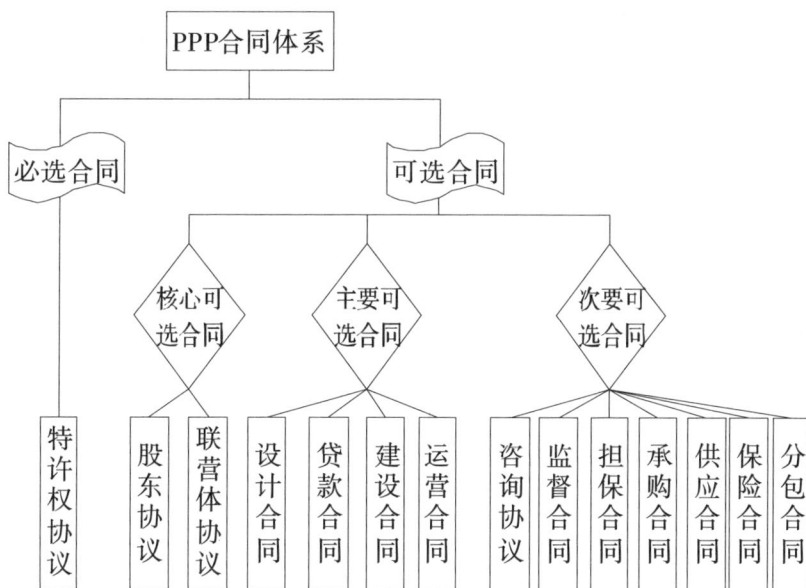

```
                        ┌──────────┐
                        │ PPP合同体系 │
                        └──────────┘
           ┌───────────────┴──────────────────┐
      ╱必选合同╲                          ╱可选合同╲
           │              ┌────────────┬────────────┴────────────┐
                       ◇核心可选◇    ◇主要可选◇              ◇次要可选◇
                       ◇  合同  ◇    ◇  合同  ◇              ◇  合同  ◇
      ┌────┐     ┌────┬────┐  ┌────┬────┬────┐  ┌────┬────┬────┬────┬────┬────┐
      │特  │     │股  │联  │  │设  │贷  │建  │运  │咨  │监  │担  │承  │供  │保  │分  │
      │许  │     │东  │营  │  │计  │款  │设  │营  │询  │督  │保  │购  │应  │险  │包  │
      │权  │     │协  │体  │  │合  │合  │合  │合  │协  │合  │合  │合  │合  │合  │合  │
      │协  │     │议  │协  │  │同  │同  │同  │同  │议  │同  │同  │同  │同  │同  │同  │
      │议  │     │    │议  │  │    │    │    │    │    │    │    │    │    │    │    │
      └────┘     └────┴────┘  └────┴────┴────┘  └────┴────┴────┴────┴────┴────┘
```

各种合同的关联

一个 PPP 项目中，合同的多样性及项目的复杂性，决定了 PPP 项目实施过程中复杂的关系网络。

根据上面对 PPP 项目合同介绍、分类，可以构建由一系列完整的要素组成的 PPP 模式合同框架图。

图 3-2 PPP 项目各种合同的关联图

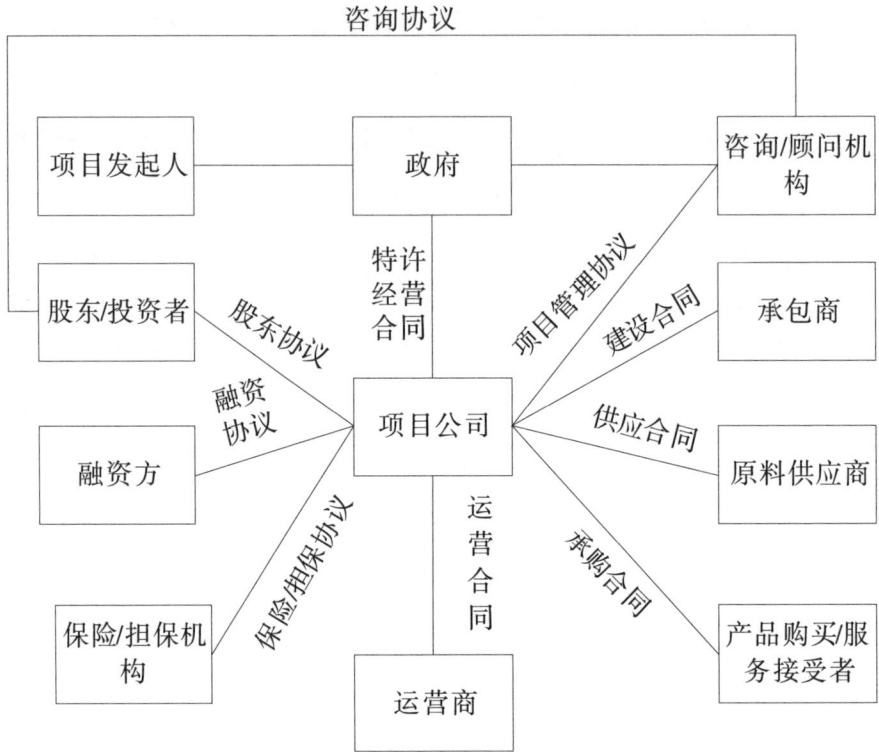

从这张图中可以看出，每个合同都是整个 PPP 项目合同体系中的子系统，利益相关者之间以合同为纽带，彼此直接或间接地相互作用、相互影响。

所谓"利益相关者"，可以按照"契约性、重要性、风险性、利益所在"四个指标对其进行分类。

政府、私人投资者、项目公司是核心利益相关者，他们的行为对 PPP 项目整体利益目标实现的影响程度最大。

项目公司处于合同结构图中心，和其他利益主体存在直接利益关系。

政府是公共项目的拥有者，政府与项目公司签订的项目合同，所涉内容覆盖了 PPP 项目所有阶段。

因此，PPP 项目合同是连接公共项目各利益相关者的桥梁，是最基本、最核心的文件，对股东协议、咨询协议、融资合同、建设合同等都有直接影响。

当然，股东协议、咨询协议、融资协议、建设协议、经营合同等，也会对项目合同施加反作用力。

在 PPP 项目的各种合同中，合同间的相互作用强度是不同的，这取决于它们之间是否存在内容的交集或继承性。

比如，项目合同规定了建设合同的内容，这两者之间就存在较强的关系。而建设合同与供应合同、运营合同交集较少，它们之间存在的关系较弱。

合同的关键条款

东汉经学大师郑玄说，举一纲而万目张，解一卷而众篇明。做任何事情都要抓住关键环节。

在 PPP 项目的合同体系中，最关键的环节就是项目合同。因为，它约定的是政府与社会资本的项目合作内容和基本权利义务。

项目合同通常由两方签署：一是政府方，即签署 PPP 项目合同的政府一方的签约主体（合同当事人）。一是项目公司，即社会资本单独或作为大股东为实施 PPP 项目而专门成立的公司。项目公司通常独立于社会资本而运营。

根据项目行业、付费机制、运作方式等具体情况不同，项目合同可能千差万别，但一般应包括以下核心条款：

引言、定义和解释；项目的范围和期限；前提条件；项目融资；项目用地；项目的建设；项目的运营；项目的维护；股权变更限制；付费机制；履约担保；政府承诺；保险，守法义务；及法律变更；不可抗力；政府方的监督与介入；违约、提前终止及终止后处理机制；项目的移交；适用法律及争议解决；合同附件。

在这些核心条款中，项目的范围和期限，前提条件等内容，往往是合同订立双方磋商的焦点内容。

（一）项目的范围和期限

在项目合同中，应该明确约定项目合作期限内政府与项目公司合作的范围和主要内容。

根据项目运作方式和具体情况的不同，政府与项目公司的合作范围可能包括设计、融资、建设、运营、维护某个基础设施或提供某项公共服务等。

以 BOT 运作方式为例，项目的范围一般包括项目公司在项目合作期限内建设（和设计）、运营（和维护）项目并在项目合作期限结束时将项目移交给政府。

项目期限的设立，依据项目运作方式和付费机制的不同而不同，基本的原则是：可以实现物有所值的目标，并且形成对项目公司的有效激励。

常见的项目期限包括两种：自合同生效之日起一个固定的期限；分别设置独立的设计建设期间和运营期间，并规定运营期间为自项目开始运营之日起的一个固定期限。

（二）项目的前提条件

一般情况下，PPP 项目合同条款并不会在合同签署时全部生效，其中部分特定条款的生效会有一定的前提条件。

根据具体情况的不同，在项目正式实施之前需要满足的前提条件也不同，常见的前提条件包括：

其一，完成融资交割。

这是 PPP 项目合同中最重要的前提条件，只有确定项目公司及融资方能够为项目的建设运营提供足够资金的情况下，项目的顺利实施才有一定保障。

根据项目双方的约定不同，完成融资交割的定义也可能会不同，通常是指：项目公司已为项目建设融资的目的签署并向融资方提交所有融资文件，并且融资文件要求的就本项目获得资金的所有前提条件得到满足或被豁免。

其二，获得相关审批。

根据法律规定，在项目公司实施 PPP 项目时，只有获得相应的批准或备案，才能保证 PPP 项目的合法合规实施。

在遵守我国法律法规的前提下，按照一般的风险分配原则，该项条件通常应由对履行相关审批程序最有控制力且最有效率的一方负责满足。

其三，保险已经生效。

在 PPP 项目中，保险是非常重要的风险转移和保障机制。

常见安排是：项目公司根据项目合同中有关保险的规定购买保险，且保单已经生效，并向政府方提交保单的复印件。

其四，其他合同签订。

在一些 PPP 项目合同中，政府方为进一步控制项目实施风险，会要求项目公司先完成项目实施涉及的其他主要合同的签署工作，以此作为 PPP 项目合同的生效条件。

常见安排是：项目公司已根据项目合同中有关规定签订工程总承包合同及其他主要分包合同，并且向政府方提交有关合同的复印件。

(三)项目的建设、运营、维护

在 PPP 项目中，如果包含新建或改扩建内容，通常采用 BOT、BOO 或 ROT 等运作方式，项目建设是这类 PPP 项目合同的必备条款。

项目建设的条款，通常会包括设计和建设两部分内容：项目设计，主要包括设计范围、设计工作分工、项目设计要求、设计的审查、项目设计责任；项目建设，主要包括项目建设要求、责任及政府方对项目建设的监督和介入。项目建设要求包括建设标准和时间要求。

项目的运营，不仅关系到公共产品或服务的供给效率和质量，而且关系到项目公司的收入，因此，对于政府方和项目公司而言都非常关键。

项目开始运营，对政府方而言，意味着可以开始提供公共产品或服务，这对于一些对时间要求较高的特殊项目尤为重要。例如，奥运会场馆如果没有在预定的时间完工，就会造成极大的影响和损失。对项目公司而言，多数 PPP 项目中，项目公司通常只有项目开始运营后才能开始获得付费。

项目运营的内容根据项目所涉行业和具体情况的不同，PPP 项目运营的内容也各不相同。例如：公共交通项目运营的主要内容是运营有关的高速公路、桥梁、城市轨道交通等公共交通设施；公用设施项目运营的主要内容是供水、供热、供气、污水处理、垃圾处理等；社会公共服务项目运营的主要内容是提供医疗、卫生、教育等公共服务等。

在PPP项目合同中，有关项目维护的权利义务规定在很多情况下是与项目运营的有关规定重叠和相关的，通常会与项目运营放在一起统一规定，但也可以单列条款。项目维护的条款，通常会规定项目维护义务和责任以及政府方对项目维护的监督等内容。

(四)项目的付费机制

付费机制主要指PPP项目的风险分配和收益回报。

实践中，需要根据各方的合作预期和承受能力，结合项目所涉的行业、运作方式等实际情况，因地制宜地设置合理的付费机制。

其一，付费机制的分类。

PPP项目中，常见的付费机制包括三类：

①政府付费。即政府直接付费购买公共产品和服务。在政府付费机制下，政府可以依据项目设施的可用性、产品或服务的使用量以及质量向项目公司付费。主要在公用设施类和公共服务类项目中较为常用，在一些公共交通项目中也会采用这种机制。

②使用者付费。即由最终消费用户直接付费购买公共产品和服务。项目公司直接从最终用户处收取费用，以回收项目的建设和运营成本并获得合理收益。高速公路、桥梁、地铁等公共交通项目以及供水、供热等公用设施项目通常可以采用使用者付费机制。

③可行性缺口补助。即使用者付费不足以满足项目公司成本回收和合理回报时，由政府给予项目公司一定的经济补助，

以弥补使用者付费之外的缺口部分。在我国实践中，可行性缺口补助的形式多种多样，具体可能包括土地划拨、投资入股、投资补助、优惠贷款、贷款贴息、放弃分红权、授予项目相关开发收益权等其中的一种或多种。

其二，设置付费机制的基本原则。

不同的PPP项目，适合采用的付费机制可能完全不同。

一般而言，在设置项目付费机制时需要遵循以下基本原则：既能够激励项目公司妥善履行其合同义务，又能够确保在项目公司未履行合同义务时，政府能够通过该付费机制获得有效的救济。在遵守基本原则的同时需要考虑的因素还有项目产出是否可计量、适当的激励、灵活性、可融资性、财政承受能力等。

其三，定价和调价机制。

在付费机制条款中，通常还要根据相关法律法规规定、结合项目自身特点，设置合理的定价和调价机制，以明确项目定价的依据、标准，调价的条件、方法和程序，以及是否需要设置唯一性条款和超额利润限制机制等内容。

(五)政府方的监督与介入

由于PPP项目通常是涉及公共利益的特殊项目，从履行公共管理职能的角度出发，政府需要对项目执行的情况和质量进行必要的监控，甚至在特定情形下，政府有可能临时接管项目。

PPP项目合同中关于政府方的监督和介入机制，通常包括政府方在项目实施过程中的监督权以及政府方在特定情形下对项目的介入权两部分内容。

其一，政府方的监督权。

在项目从建设到运营的各个实施阶段，为了能够更好地了解项目进展、确保项目能够按照合同约定履行，政府方通常会在 PPP 项目合同中规定各种方式的监督权利，这些监督权通常散见于合同的不同条款中。

常见的政府方监督权包括：项目实施期间的知情权、进场检查和测试、对承包商和分包商选择的监控。

其中，项目实施期间的知情权主要有：项目建设期的审阅项目计划和进度报告的权利，在项目运营维护期有审阅运营维护手册和有关项目运营情况的报告的权利。

其二，政府方的介入权。

除了上述的一般监督权，在一些 PPP 项目合同中，会赋予政府方在特定情形下（如紧急情况发生或者项目公司违约）直接介入项目实施的权利。

与融资方享有的介入权不同，政府方的介入权通常适用于发生短期严重的问题且该问题需要被快速解决、而政府方在解决该问题上更有优势和便利的情形，通常包括项目公司未违约情形下的介入和项目公司违约情形下的介入两类。需要注意的是，这种介入权是政府一项可以选择的权利，而非必须履行的义务。

①项目公司未违约情形下的介入。

为了保证项目公司履行合同不会受到不必要的干预，只有在特定的情形下，政府方才拥有这类介入权。

常见的情形包括：存在危及人身健康或安全、财产安全或环境安全的风险；介入项目以解除或行使政府的法定责任；发生紧急情况，且政府合理认为该紧急情况将会导致人员伤亡、严重财产损失或造成环境污染，并且会影响项目的正常实施。

如果发生上述情形，政府方可以选择介入项目的实施，但政府方在介入项目之前必须按 PPP 项目合同中约定的通知程序提前通知项目公司，并且应当遵守合同中关于行使介入权的要求。

②项目公司违约情形下的介入。

如果政府方在行使监督权时发现项目公司违约，政府方认为有可能需要介入的，通常应在介入前按照 PPP 项目合同的约定书面通知项目公司并给予其一定期限自行补救。如果项目公司在约定的期限内仍无法补救，政府方才有权行使其介入权。

【III】收益分配：激励相容的合约安排

"每个人在追求自身利益时，都会被一只看不见的手引导着，去达到并非出于其本意的目的。"亚当·斯密在《国富论》中提出了这一著名论断。"看不见的手"自发调节经济，指的是在市场机制下，各利益方能找到激励相容的交易结构，使得"人人为我，我为人人"。这一思想至今仍被视为"经济学皇冠上的宝石"。

一个PPP项目涉及多个独立的利益相关者，他们各自利益取向不同。但是通过PPP的合约安排，任何一方只有在满足其它方的利益的前提下，才能实现自己的利益诉求，从而各参与方在利益吸引下全力合作共同完成项目。这就是激励相容的合约安排。

收益如何分配，是各参与方关注的焦点。PPP项目之所以能成功，主要依赖于各利益相关者的鼎力协作，因此，在合同体系中明确PPP项目收益分配，尤为重要。

项目涉及的利益相关者

一个PPP项目的顺利运作，涉及项目发起与确立、资金筹措、项目设计、建造、运营管理等诸多方面和环节。

整个过程中涉及的利益相关者主要有：项目发起人、政府方（为项目公司提供特许经营权，最终可能拥有项目）、社会资本（项目公司的主要股东）、项目公司（负责项目的建设、运营）、金融机构、最终用户（产品购买者或使用者）。

此外，还可能涉及为项目公司提供保险的保险公司，承包商、建设商、供应商、运营商等。

上述各方在 PPP 项目中分享不同利益、承担不同风险，共同构成了利益相关者。

利益相关者依据所处的地位和发挥的作用不同而分为核心利益相关者、一般利益相关者和边缘利益相关者。其中核心利益相关者包括政府方和社会资本，他们是项目不可或缺的群体，与项目有着直接的利害关系，可以直接左右项目的开展。一般利益相关者，是与项目有着较为密切的关系，所付出的专用型投入使得他们承担着项目的一定风险。边缘利益相关者，往往被动地受到项目的影响，自身对项目的影响很小。

表 3-2　PPP 项目利益相关者分类

核心利益相关者	一般利益相关者	边缘利益相关者
政府、社会资本、项目公司	项目发起人、融资方、承包商、经营商、供应商、担保公司、基础设施使用者等	纳税人、社会就业群体

核心利益相关者的价值取向

从经济人的角度出发，核心利益相关者有一个相同的目的，即通过项目行为，使自己收益最大化。但实际上，项目运作过程中不可能同时使所有行为主体的利益最大化，这就需要对收益进行协调。

因此，明确并充分理解核心利益相关者的利益取向，是PPP 项目收益协调和分配的基础。

值得注意的是，政府必须要更多地以宏观利益的实现作为自身的利益目标。

表 3-3 PPP 项目核心利益相关者项目角色及利益取向

核心利益相关者	项目角色	利益要求
政府	合作者、促进者参与者、监管者	①基础设施服务提供的持续性 ②项目产品或服务的适当价格 ③对客户、用户的非歧视与公平对待 ④满足环境保护、健康安全及质量标准 ⑤项目适应现在及将来国家经济发展的状况 ⑥对未来条件变化的适度弹性
社会资本	项目主要股东	①对私人投资的保护 ②完善的法律法规 ③及时从政府方获得建设和运营项目的同意或认可文件 ④可实施的协议 ⑤良好的冲突解决机制

核心利益相关者的收益分配

在 PPP 项目伙伴关系确立之前，各利益相关者会对收益分配问题进行协商，并达成共同认可的方案。

由于利益相关者之间存在信息不对称，因此，收益分配中必然也存在不对称。但是，收益分配应该遵循五大原则。

（一）互惠互利原则

项目伙伴关系，应该遵循利益相关者多赢原则，同步实现社会效益、经济效益。

收益的分配，应该充分考虑政府和社会资本双方的投资收益，通过沟通协调，使得收益的分配比例确保参与双方均"有利可图"，以形成"合作—信任"关系。

分配方案应使得各利益相关者的基本利益得到充分保证，以不破坏合作伙伴关系为最低标准。

（二）投入、风险与收益对称原则

制定收益分配方案时，不仅要以各利益相关者的资源投入为依据进行分配，还应充分考虑各利益相关者所承担的风险大小。尽可能对承担风险的成员给予相应的风险补偿，以增强合作的积极性。

在规范的市场经济环境中，风险和收益一般是对等的。

（三）结构利益最优原则

全盘考虑各种影响因素，合理确定收益分配的最优比例结果，尽力做到公平分配，促使双方实现最佳合作、协调发展。

在 PPP 项目中，需要相应的激励机制和相互信任机制才能促使利益相关者积极合作。

政府需要在一定程度上监督社会资本，促使双方的努力程度最大，故双方的监督力度和努力程度也一定程度影响 PPP 项目收益。

因此，在进行收益分配的设定时，应充分考虑监督力度、努力程度、投资比例、风险分担等因素的综合作用。

图 3-3 PPP 项目收益分配的影响因素

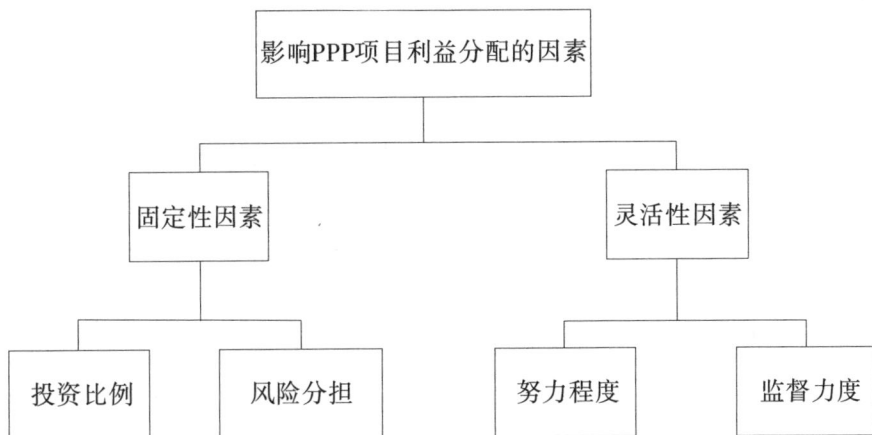

```
        ┌───────────────────────┐
        │  影响PPP项目利益分配的因素  │
        └───────────────────────┘
                    │
        ┌───────────┴───────────┐
   ┌─────────┐             ┌─────────┐
   │ 固定性因素 │             │ 灵活性因素 │
   └─────────┘             └─────────┘
      ┌───┴───┐               ┌───┴───┐
  ┌──────┐ ┌──────┐       ┌──────┐ ┌──────┐
  │ 投资比例 │ │ 风险分担 │       │ 努力程度 │ │ 监督力度 │
  └──────┘ └──────┘       └──────┘ └──────┘
```

（四）兼顾公平与效率原则

PPP 项目作为一个整体开展项目，需要利益相关者紧密合作。

公平有利于利益相关者之间合作精神的培育，且避免矛盾产生。然而，过分强调表面上的公平，可能影响到利益相关者提高效益、节约成本的主动性。因此，必须在保证公平的基础上兼顾效率。

（五）信息透明原则

信息沟通问题通常是引起冲突的原因。

为减少因信息不畅而造成的矛盾，核心利益相关者之间在PPP 项目收益分配过程中应尽量保持信息互通。

在其他利益相关者中，随着社会公众对知情权的要求越来越高，用信息透明的方式保障社会公众的知情权，尤其不能忽视。这既是社会主义民主政治的基本要义，具体到一些使用者付费的 PPP项目中，也是对广大消费者的尊重。

公平正义的契约精神

秦朝的强大，始于咸阳南门立下的那根三丈长的木杆。正是徙木立信，让商鞅变法得以顺利推行，进而国富兵强，一统天下。

从古至今，"信"一直为人所推崇，孔子云：人而无信，不知其可也。

PPP 项目在执行和移交过程中，由于时间跨度往往相当漫长，因此，言而有信尤为关键，所谓"言"，正是 PPP 项目合同以及政府方与社会资本签署的有关协议。

一个 PPP 项目的实施，在项目识别、准备阶段，项目实施机构就已经对项目公司的设立及其股权结构、项目的运作方式、投融资结构、政府方参与项目执行的方式及其权利与义务、以及项目资产的移交等重要事项均进行了框架设计和规定。然后，在项目采购中，政府方可能会与竞标的社会资本进行谈判和磋商，对此前的设计进行调整。经过调整后，有关内容最后均反映在合同体系以及政府方与社会资本签署的有关协议中。

协议自然需要尽可能完善。但是，这些协议，显然不能预见未来发生的一切问题，毕竟这段"婚恋"并不短暂。

遭遇风险、发生争议后的解决机制，如果协议中有约定，当然依照约定处理——如果没有约定或者约定不完善，双方的态度和诚意，就像婚姻过程中的磨合与包容，显得更加重要。

【I】项目执行：专业的人做专业的事

"让专业的人做专业的事。"这是现代管理学中的一个重要理念。

社会分工越来越细化，专业化程度越来越高，美国学者克莱·舍基就提出了这样一个观点"未来是湿的"——基于互联网的思维，前现代的组织，是按硬件的方式组织的，后现代的组织，是按软件的方式组织的。

在 PPP 项目执行和移交过程中，既需要"未来是湿的"——发挥每个个体的特长，让专业的人做专业的事，也需要让专业的人形成一个团队，做成专业的事。

根据有关协议的约定，PPP 项目执行可以分为两种情况：需要设立项目公司的、不设立项目公司的。需要设立项目公司的，就要充分发挥项目公司作为专业团队的优势；不需要设立项目公司的，就要充分发挥社会资本方的专业管理优势。

部分情况下可不设项目公司

如果 PPP 项目的期限不长、项目实施内容较为简单，不需要太多的灵活性，且项目实施中不涉及标的资产所有权转移时，可以不设立项目公司。此时，社会资本方本身必须是对应领域的企业，例如污水处理项目，则社会资本必须是水务行业企业。

项目的执行方式为管理合同或委托运营，在项目采购完成后，政府方即与中标社会资本签订委托合同，依据合同，社会资本负责合同所规定范围内的公共资产的运营及维护，政府则向社会资本支付管理费或委托经营费。

在委托运营模式中，政府作为运营企业与用户之间的中介，需要提供面向用户的软服务设施，负责与用户的沟通、接受其投诉，并根据用户反馈向社会资本方提出运营维护的有关要求。

在管理合同模式中，社会资本方直接面向用户，政府仅作为监督者，在前两者之间出现纠纷与争议时出面裁决并向社会资本方提出有关整改要求。

设立项目公司时的项目执行

设立项目公司后，有关项目设计、建造和运营等所有活动均以项目公司名义进行，不允许社会资本或其他主体直接从事相关活动，也不允许在项目公司外设立独立主体来从事相关的活动。

项目公司的管理层由社会资本选择与任命，管理层负责公司各部门的人员聘任，无特殊情况政府方不得干预。

除了受政府方的监督与特定情况下的干预之外，项目公司的运作与普通企业无异，享有自主经营权。

(一)项目的建设

项目公司资产的形成主要有两种方式：一是收购（或无偿接受）政府有关的存量资产，例如，政府将某一片区的地下污水管网及污水处理厂打包转让给项目公司；二是通过新建或改建具体项目而形成新的资产。包含新建或改扩建内容的 PPP 项目，通常采用 BOT、BOO 或 ROT 等运作方式。

项目建设包含设计和建造两个阶段。

项目建设的可行性研究报告、产出预测及其说明的编制在项目准备阶段已经完成；项目的设计要求和标准以及建设要求和标准应在 PPP 项目合同中明确规定。项目公司需要在满足上述要求和标准的前提之下，负责编制或最终确定初步设计和施工图设计，并完成全部的设计工作。设计完成后需经政府方审查。通过审查后，项目公司负责按照 PPP 项目合同约定的要求和时间完成项目建设。

需要指出的是，项目公司可以将全部或部分的设计/建设工作外包给承包商或施工单位。但是，无论是否外包，项目公司均负有确保项目设计与建设的质量的责任。即使有关设计与建设已通过政府方的审核或验收，该项责任仍然不可免除。

(二)项目的经营

PPP 项目合同中会明确项目开始运营的条件。该条件根据项目的技术特点和商业特性确定，包括：

①除了一些不影响运营的部分之外，项目的建造已经基本完工，并且已经达到满足项目目的的水平；

②已按照合同中约定的标准和计划完成项目试运营；

③项目运营所需的审批手续已经完成，包括项目相关的备案审批和竣工验收手续；

④其他需要满足项目开始运营条件的测试和要求已经完成或具备。

在一些 PPP 项目中，开始运营与建设完工为同一时间，完工日即被认定为开始运营日。

但是，在另一些项目中，开始运营之前包括建设完工和试运营两个阶段，只有在试运营期满时才被认定为开始运营。这种包括试运营期的安排通常适用以下两种情形：

①在项目完工后，技术上需要很长的测试期以确保性能的稳定性；

②在项目开始运营之前，需要进行大量的人员培训或工作交接。

项目的运营由项目公司负责。

根据项目所涉行业和具体情况的不同，PPP 项目运营的内容也各不相同。例如：公共交通项目运营的主要内容是运营有关的高速公路、桥梁、城市轨道交通等公共交通设施；公用设施项目运营的主要内容是供水、供热、供气、污水处理、垃圾处理等；社会公共服务项目运营的主要内容是提供医疗、卫生、教育等公共服务。

在一些 PPP 项目、特别是公共服务和公用设施行业下的 PPP 项目中，项目的运营通常需要政府方的配合与协助。在这类项目中，政府方可能需要提供部分设施或服务，与项目公司负责建设运营的项目进行配套或对接，例如垃圾处理项目中的垃圾供应、供热项目中的管道对接等。

在需要政府配合与协助的项目运营中，根据双方在运营方面的能力及控制力来划分双方在项目运营中的职责，并承担相关责任。

为保障项目的运营质量，PPP 项目合同中，通常还会要求项目公司编制运营与维护手册，载明生产运营、日常维护以及设备检修的内容、程序和频率等，并在开始运营之前报送政府方审查。

运营维护手册以及具体运营标准通常会作为PPP项目合同的附件。

(三)项目的维护

为了更好地保障项目的运营和维护质量，PPP项目合同通常会规定项目公司在合同生效后、开始运营日之前编制项目维护方案并提交政府方审核，政府方有权对该方案提出意见。

在双方共同确定维护方案后，项目公司作出重大变更，均须提交政府方。

维护方案的实施是否需要事先取得政府方同意，在PPP项目合同中也需作出明确规定。这要视维护的技术难度要求、政府方参与维护的程度、政府方希望对维护的控制程度等具体情况而定。

维护方案中，通常包括项目运营期间计划内的维护、修理和更换的时间、费用，和上述维护、修理和更换可能对项目运营产生的影响等内容。

对于某些PPP项目，特别是技术难度较大的项目，除维护方案外，有时还需要编制详细的维护手册，进一步明确日常维护和设备检修的内容、程序及频率等。

如果发生意外事故或其他紧急情况，需要进行维护方案之外的维护或修复工作，项目公司应立即通知政府方，解释其原因，并尽最大努力在最短的时间内完成修复工作。

【II】项目公司：风险隔离的防火墙

"防火墙"牢不牢靠，关系到电脑系统的安全性。

项目公司是专门为项目实施而设立的公司，其实，它就是一堵风险隔离的"防火墙"——有效地将正在实施的PPP项目保护起来。

根据PPP项目合同及股东协议，项目公司的运作处于政府方监控之下，且政府方须向公众披露有关项目进展的有关信息。与普通企业相比，项目公司的运作有更高的透明度。

在PPP项目合同的框架下，项目公司作为独立法人，以市场化的运作方式，从事项目的设计、建造、运营、维护等全部活动，最后的项目移交也是在项目公司与政府方之间进行。

项目公司的四大优点

大多数PPP项目均需要设立项目公司。设立项目公司有如下优点：

其一，有效进行风险隔离。

项目公司作为独立法人，其资产与社会资本原有资产之间的产权边界是清晰的，社会资本本身的风险对项目的影响可以降至最低，从而有效地实现风险隔离。

举例来说，假如社会资本破产，则其所持有项目公司的股份可以转让给接手的下家，或者由政府收回再拍卖，从而项目的实施不至于受太大影响甚至中断。

其二，实现有效率的收益与风险配置。

社会资本作为项目公司的控股股东，在享有项目公司收益分配权的同时也承担项目公司风险。项目建设与运营的效率直接影响到其收益。因此，社会资本有足够的激励去努力降低项目建设与运营成本，提高服务质量，有效规避项目风险。

其三，增强项目实施灵活性。

项目公司作为独立法人，在 PPP 项目合同框架下享有自主经营权，可以灵活应对项目实施进程中的各种突发情况。

相比之下，如果没有项目公司，一旦有意外情况出现，有关各方势必重新谈判，以拟定处理方案。尤其是在项目期限较长的情况下，各类大大小小的意外情况可能层出不穷，而有关合同不可能在事前预见到所有的可能性。因此，如果没有项目公司，项目的实施将困难重重甚至不可执行。

设立项目公司，客观上降低了交易成本，从而间接地提高项目运作效率。

其四，便于政府对项目监管。

政府方对项目的监管权来源于两个方面：

一是政府有关部门作为项目公司的股东，依照《公司法》享有项目公司运作的知情权与一定的干预权；

二是在《PPP 项目合同》以及《股东协议》中，赋予政府方对项目公司运作的监督权以及在特定情况下对项目公司的干预权。

因此，设立项目公司使得政府方拥有足够的权限对项目实施进行有效监管。

项目公司的控制权与收益的分配

在普通企业中，持有股份意味着拥有在公司股东大会中的投票权和享有公司收益。因此，企业的控制权与收益按照股东持股比例分配。然而，在 PPP 模式中，项目公司的决策权及收益的分配却并不完全由其股权结构决定。

(一)项目公司的股权结构

项目公司依据 PPP 项目合同与此前的股东协议设立，由社会资本控股，政府持有股份比例不得高于 50%。根据财政部有关文件规定，PPP 项目中政府方对项目公司的股权投资支出的计算公式如下：

股权投资支出=项目资本金×政府占项目公司股权比例

可知，政府在项目公司中的持股比例由其出资额决定，政府方与社会资本方的出资额之比即为双方的持股之比。

在项目采购阶段的谈判中，政府对项目公司的股权投资金额应与运营补贴支出、风险承担支出和配套投入支出统筹考虑决定。在某些情况下，股权投资金额可能为零，则政府方的持股比例也为零，由社会资本方单独组建项目公司。

因此，政府方的持股比例介于零到 50% 之间。

(二)项目公司的控制权

社会资本方是项目公司的控股股东，在项目公司的组建中起主导作用。项目公司的组织结构，根据项目行业特征和实际运作需要而定。公司管理层的任命与日常运作主要由社会资本方决定，正常情况下，政府方不应干预。

然而与普通企业不同的是，无论政府方的持股比例如何，均不影响在股东协议中对政府方享有的监督介入权利进行规定。当政府对项目公司没有持股时，为保证政府方对项目公司的监督权利，可在股东协议中规定公司董事会必须有一名政府方代表，并具体规定其享有的监督权利。

根据 PPP 合同中对于政府方的监督介入权的规定，政府方在事实上对项目公司拥有一定的控制权。但这种控制权只能在合同规定的特定情况下才能使用。

(三)项目公司的收益分配

在收益不能覆盖成本的项目中，项目公司的收益，完全依赖政府付费或部分来源于政府补贴。这种情况下，政府不能参与公司收益的分配。尽管此时政府方可能有一定的持股比例，但通常在股东协议中会规定政府方放弃其所持有股份的收益分配权，或以此收益充抵政府付费或补贴。

当项目收益可以覆盖成本，政府可能会参与收益分配。此时可分为如下几种情况：

①双方按各自持股比例分配收益。

②当项目公司的收益超过某一规定额度时，超出部分由政府方获得或者双方按约定比例分配。当然，在规定额度以下，政府方放弃其所持有股份的收益分配权，项目公司收益全部由社会资本获得。

③无论项目公司收益如何，政府方均不参与收益分配。

项目公司的资金来源

政府与社会资本各自的出资构成了项目公司的股本金。但是，对于大多数项目而言，股本金是远远不够用的，因此，还必须以项目公司的名义进行融资。项目公司的融资方案应在此前阶段已经设计好并在 PPP 项目合同中明确规定，在本阶段只是依合同执行即可。

项目公司由于是新设立的企业，并没有任何经营与信用记录。因此，它的融资必须借助社会资本方的影响力，并且往往需要社会资本方为其提供担保。

事实上，社会资本方在决定参与 PPP 项目时，就已设计好可行的项目融资计划，并在项目公司成立后的一定期限内签订融资合同，确保计划的落实。否则，一旦未能在规定期限内完成 PPP 项目合同规定的融资目标，便构成违约，政府方将取消其合作资格并提取其竞标保函。

为了确保融资目标顺利完成，竞标的社会资本方，往往就是商业银行与专业领域的企业组成的联合体。其中的商业银行为项目提供融资支持。此时，社会资本方本身也是融资方或融资方之一。政府方也可就某些特殊事项为项目公司提供担保，或者向融资方作出某些承诺。例如，承诺在项目提前终止时采取一定措施保障融资方的权利、及时向融资方提供某些信息等。

项目公司的资金必须用于与项目实施有关的活动，不得挪作他用。这也是政府方代表监控的一个重要内容。项目公司资金的运用贯穿于项目实施的全过程，并最终形成项目公司的全部资产。

项目移交时的资产范围的划定要根据资产形成时的资金来源而定。

【III】风险管理：未雨绸缪有备无患

任何 PPP 项目的实施，都不可能完全按事先预想的那样顺利完成，而是面临各种风险，比如，管理失误、安全事故、法律政策的变化、市场条件的变化等。这些风险都可能导致项目工期延误、项目亏损甚至项目完全失败。

未雨绸缪，有备才能无患，若等到亡羊之后再去补牢，可能为时已晚。

因此，在 PPP 项目合同及其他有关合同中，大部分条款设置的目的，都是为了及时发现与控制风险、明确风险承担的责任人，并规定补救措施。

一个设计良好的 PPP 项目，合同体系中应当包含有完善的风险管理机制。

风险管理机制包括三个方面：一是风险分配安排，即要确定各类风险后果的承担主体；二是风险管理安排，指系统地规定风险的发现、控制和处理的制度安排；三是风险后果的承担，风险分配确定了承担主体，但是还需要明确具体的承担方式，使得风险管理有章可循。

风险分类

PPP 项目的风险一般可以分为三大类。

公共项目涉及公共利益，天然具有一程度的垄断性。因此，对于公共项目的建设与使用，往往会有诸多法律政策方面的限制。从而，与普通投资项目相比，PPP 项目更容易受到相关法律政策变化的影响。如果政府不承担法律政策风险并保证项目有一个最低需求量，那么，可能不会有社会资本愿意参加这种项目。因此，政府承担这类风险，是吸引社会资本参与 PPP 项目的前提条件。此外，政府方对于相关的法律政策的变化更敏感，且在很多情况下具有一定的影响与控制能力。

不可抗力等风险，由政府和社会资本合理共担。对于这类风险，政府与社会资本均无控制力，那么，双方分担的比例取决于双方的谈判能力。谈判能力很大程度上取决于项目预期收益的高低，如果预期收益非常高（或风险非常低），就会吸引相对更多的社会资本竞标，政府方也就具备更强的谈判能力。

(三)融资方

无论是由于内部风险还是外部风险，如果项目严重亏损、项目公司破产或濒于破产，而社会资本作为项目公司的股东仅以出资额和相关履约担保（如果有履约担保的话）负有限责任。此时，政府方将不得不采取救济措施，而政府的救济是有限度的，超出限度之外，项目公司的债务违约将不可避免，债权人将遭受损失。

合约安排

明确各类风险的承担主体后，项目的各种合同中，需要规定风险的监控手段，以及损失发生后的事后追责机制，否则，风险承担就是一纸空文。

一个完善的风险管理框架，不仅仅是需要明确各方的风险责任及承担义务，更重要的是使各方有足够的动力去及时发现、规避和控制风险，同时，赋予各方以足够的风险管理手段与权限。

（一）内部风险的管理

内部风险源于项目公司的融资能力、管理能力、专业技术方面的缺陷，主要承担主体为社会资本。

如何使社会资本切实承担这类风险？这需要一系列的合约安排，包括：股权变更限制、履约担保、关于政府方的监督与介入安排，以及关于保险的安排。

其一，股权变更限制。

在项目采购阶段，政府应对社会资本的融资能力、技术能力、管理能力等资格条件进行系统评审后，最终选定合作伙伴。被选中的社会资本，通常被认定为具备足够能力去管理、控制内部风险。

但是，项目进入执行、特别是建设阶段时，社会资本可能将自身或项目公司的部分或全部股权转让给不具备风险管控能力的主体，这极有可能导致内部风险失控。

因此，限制项目公司自身或其母公司的股权结构变更是必要的。一旦发生这类情形，将直接认定为项目公司违约，情节严重的，政府方有权提前终止合同。

股权变更限制通常做法是：在 PPP 项目合同中约定，项目公司的股权变更需要经政府方的审核与批准，否则不得变更。此外，可以约定股权的锁定期。

股权变更限制的范围，可能不仅仅限于项目公司的股权变更，还包括其母公司，即社会资本本身的股权变更。在一些PPP项目合同中，会将项目公司及各层级母公司的股权变更均纳入股权变更限制范围，但是，对于母公司股权变更的限制，一般仅限于可能导致母公司控股股东变更的情形。

其二，履约担保。

为确保项目公司能够按照合同约定履约，政府通常会要求项目公司或/和承包商、分包商就履约义务提供一定担保。履约担保的方式通常包括履约保证金、履约保函及其他形式的保证等。

在PPP项目实践中，通常由项目公司向政府就其履约义务提供担保。但实际上，项目公司向政府提供履约担保存在不少缺点：

①直接占用了项目公司的资金，使其需要更多的外部融资，增加了利息成本；

②项目公司是有限责任的，对于外部债权人而言，由项目公司提供担保的合约安排，并不能提升项目公司的信用等级——即对于融资方而言，有或没有这种担保是无区别的。

③这种合约安排不会增强社会资本方的激励。项目公司是有限责任的，如果项目失败，无论有没有这种担保，社会资本均会且仅仅会损失其出资。因而，社会资本不会有额外的激励去加强项目公司管理，规避和控制风险。

事实上，由社会资本向政府方就项目公司的履约义务提供担保会更有效率。下面试举一例以比较不同合约安排的优劣：

某PPP项目，总投资100亿元。拟政府财政出资10亿元，社会资本方出资40亿元成立项目公司，政府方与社会资本方分别持有公司 20% 和 80% 的股份。假设银行贷款利率为 10%、没有公司所得税且公司收益按持股比例分配。为简单起见,假设项目期限为 1 年。

根据项目实施的最终状况,分如下三种情况:1)非常成功。设此时项目公司期末总收入为 120 亿元;2)基本成功。设此时项目公司期末总收入为 108 亿元;3)失败。设此时项目公司期末总收入为 48 亿元。下面考察不同的合约安排下,各方的收益与损失:

①**方案一**:由项目公司提供履约担保 5 亿元。则项目公司可用的自有资金为 45 亿元,需要向银行贷款 55 亿元,利息成本为 5.5 亿元。

1)非常成功。

履约担保金退还给项目公司。

项目公司期末净收入=公司总收入-贷款本金-贷款利息+退
还的担保金

=120-55-5.5+5=64.5 亿元

其中,社会资本方获得 64.5×80%=51.6 亿元,投资回报率为 [(51.6-40)/40]×100%=29%。政府方的投资回报率也为 29%。

2)基本成功。

履约担保金退还给项目公司。

项目公司期末净收入=公司总收入-贷款本金-贷款利息+退
还的担保金

=108-55-5.5+5=52.5 亿元

其中,社会资本方获得 52.5×80%=42 亿元,投资回报率为 [(42-40)/40]×100%=5%。政府方的投资回报率也为 5%。

3)失败。

此时政府方与社会资本方均损失其出资，分别为 10 亿元和 40 亿元。履约担保金 5 亿元用于偿还银行贷款。即使如此，银行 55 亿元贷款也仅能收回 53 亿元(48+5=53 亿元)，损失本金利息总计 7.5 亿元。

②方案二：由社会资本方为项目公司提供履约担保 5 亿元，其它条件不变。则项目公司可用的自有资金为 50 亿元，需要向银行贷款 50 亿元，利息成本为 5 亿元。

1)非常成功。

履约担保金退还给社会资本方。

项目公司期末净收入=公司总收入-贷款本金-贷款利息

$$=120-50-5=65 \text{ 亿元}$$

其中，社会资本方获得 65×80%=52 亿元。履约担保金 5 亿元退还给社会资本方，故其期末总收入为 57 亿元。其实际投资额(出资额+担保金)为：40+5=45 亿元，社会资本方获得的投资回报率为 [(57-45)/45]×100%=26.67%。政府方的投资回报率则为 30%。

2)基本成功。

履约担保金退还给社会资本方。

项目公司期末净收入=公司总收入-贷款本金-贷款利息

$$=108-50-5=53 \text{ 亿元}$$

其中，社会资本方获得 53×80%=42.4 亿元，履约担保金 5 亿元退还给社会资本方，故其期末总收入为 47.4 亿元。实际投资额仍为 45 亿元，社会资本方获得的投资回报率为[(47.4-45)/45]×100%=5.33%。政府方的投资回报率则为 6%。

3)失败。

此时政府方损失其 10 亿元出资;社会资本方则损失其 40 亿元出资和 5 亿元担保金,总计 45 亿元。履约担保金 5 亿元用于偿还银行贷款。银行 50 亿元贷款本金能收回,仅损失利息 2 亿元(48+5-50-5=-2 亿元)。

③**方案三**:由社会资本方为项目公司提供履约担保 5 亿元,且作为补偿,社会资本出资可减少 2 亿元(即出资 38 亿元),而其持股比例不变。则项目公司可用的自有资金为 48 亿元,需要向银行贷款 52 亿元,利息成本为 5.2 亿元。

1)非常成功。

履约担保金退还给社会资本方。

项目公司期末净收入=公司总收入-贷款本金-贷款利息

$$=120-52-5.2=62.8 亿元$$

其中,社会资本方获得 62.8×80%=50.24 亿元。履约担保金 5 亿元退还给社会资本方,故其期末总收入为 55.24 亿元。其实际投资额(出资额+担保金)为:38+5=43 亿元,社会资本方获得的投资回报率为 [(55.24-43)/43]×100%=28.47%。政府方的投资回报率则为 25.60%。

2)基本成功。

履约担保金退还给社会资本方。

项目公司期末净收入=公司总收入-贷款本金-贷款利息

$$=108-52-5.2=50.8 亿元$$

其中,社会资本方获得 50.8×80%=40.64 亿元,履约担保金 5 亿元退还给社会资本方,故其期末总收入为 45.64 亿元。社会资本方实际投资额仍为 43 亿元,获得的投资回报率为 [(45.64-43)/43]×100%=6.14%。政府方的投资回报率则为 1.6%。

3)失败。

此时政府方损失其 10 亿元出资;社会资本方则损失其 38 亿元出资和 5 亿元担保金,总计 43 亿元。履约担保金 5 亿元用于偿还银行贷款。银行 52 亿元贷款本金能收回, 仅损失利息 4 亿元(48+5-52-5=-4 亿元)。

三个方案在三种情况下各方的收益率或损失如下表:

项目实施最终状况	合约安排	投资回报率(%)/ 损失总额(亿元)		
		社会资本方	银行(融资方)	政府方
非常成功	方案一*	29%	10%	29%
	方案二	26.67%	10%	30%
	方案三	28.47%	10%	25.60%
基本成功	方案一*	5%	10%	5%
	方案二	5.33%	10%	6%
	方案三	6.14%	10%	1.6%
失败	方案一*	40 亿元	7.5 亿元	10 亿元
	方案二	45 亿元	2 亿元	10 亿元
	方案三	43 亿元	4 亿元	10 亿元

*方案一为用于比较的基准方案,本表的目的在于比较方案二、方案三相较于方案一的优劣。

比较上述三个方案:

第一,在项目失败的情况下,融资方在方案二和方案三中的损失较方案一中要小得多;而社会资本方的损失则相反,在方案一中最小。因此,由社会资本方提供履约担保可降低融资方的风险,因而项目公司的信用等级事实上得到了增强。在上述例子没有体现的是：项目公司的信用等级的提升可以降低融资成本。例如，项目公司信用的提升会使得贷款申请更容易通过审批，或者可以降低贷款利率。如果把这一点考虑进去，则社会资本和政府方的收益将较上表中还有提升空间。

另一方面，由社会资本方提供履约担保的合约安排增加了社会资本方在项目失败时的亏损。这就增强了社会资本方的激励，使之更加努力地去控制项目的内部风险，避免项目失败。

第二，在项目基本成功的情况下，社会资本方在方案二和方案三中的投资回报率较方案一中有所提高。与之相反，在项目非常成功的情况下，社会资本方的投资回报率有所下降。直观上看，由社会资本方提供履约担保似乎会降低社会资本方的收益率。但事实并非完全如此，如上表显示，在项目不是非常成功的情况下，它反而可以提升社会资本方的投资回报率。

第三，与方案二相比较，方案三更进一步，允许社会资本方降低其出资额，此时其投资收益提升更大，而政府方的收益较之方案一中仍有上升。允许社会资本方降低其出资额是政府方对社会资本方作出的一种让步。在实践中，如由社会资本方为项目公司提供履约担保，是否允许其降低出资额以及降低多少应当在项目采购阶段由双方谈判决定，一般来说，降低比例不应超过履约担保金的40%。

其三，政府方的监督与介入。

为监控项目的内部风险，政府需要对项目执行的情况和质量进行必要的监控，甚至在特定情形下，政府有可能临时接管项目。

在项目从建设到运营的各个实施阶段，为能够更好地了解项目进展，及时发现和控制内部风险，政府方通常会在 PPP 项目合同中规定各种方式的监督权利。

监督权包括项目实施期间的知情权、进场检查和测试、对承包商和分包商选择的监控等权利。

政府可能以直接参股项目公司的方式成为项目公司股东、甚至董事（即使政府所持有的股份可能并不多），以便更好地实现知情权和监督权。

除了上述的一般监督权，在一些 PPP 项目合同中，会赋予政府方在特定情形下（如紧急情况发生或者项目公司违约）直接介入的权利。但是，与债权人享有的介入权不同，政府方的介入权通常适用于发生短期严重的问题且该问题需要被快速解决、而政府方在解决该问题上更有优势和便利的情形。

需要注意的是，上述介入权是政府一项可选择的权利，而非必须履行的义务。

其四，保险。

项目风险管理的一个重要手段就是购买保险。

大多数 PPP 项目合同会约定由项目公司承担购买和维持保险的相关义务，在选择需要投保的险种时，各方需要考虑项目的具体风险以及相关保险能否在当地获得。

实践中，可供选择的险种包括但不限于：货物运输保险、建筑工程一切险、安装工程一切险、第三者责任险、施工机具综合保险、雇主责任险。

政府的监督与介入权也包括对险种选择的干预和对保险合同的监督管理权利。

（二）协调配套风险管理

政府承担协调配套风险的方式，主要体现在有关"政府承诺"条款中。

一般来讲，"政府承诺"需要同时具备两个前提：一，如果没有该政府承诺，会导致项目的效率降低、成本增加甚至无法实施；二，政府有能力控制和承担该义务。

实践中，常见的政府承诺如下：

其一，付费或补助。

在采用政府付费机制或可行性缺口补助机制的项目中，按照合同约定的时间和金额付费或提供补助是政府的主要义务。

一些项目建成后，产品/服务的需求量可能达不到项目盈亏平衡点所要求的使用量，为此，政府在项目合同中会承诺一个最低采购量。如果项目公司按照该最低采购量供应有关产品/服务，且项目公司不存在违约等情形，那么，不论政府是否需要采购，均应按最低采购量付费。这就是"照付不议"的付费安排。

其二，负责或协助获取项目相关土地权利、办理有关政府审批手续。

在一些PPP项目合同中，政府方可能会承诺提供项目有关土地的使用权或为项目公司取得相关土地权利提供必要协助。

通常PPP项目的设计、建设、运营等工作，需要获得政府的相关审批后才能实施。为了提高项目实施效率，一些PPP项目合同中，政府方可能会承诺协助项目公司获得有关政府审批。

其三，防止不必要的竞争性项目。

在采用使用者付费机制的项目中，项目公司需要通过从项目最终用户处收费以回收投资并获取收益，因此，必须确保有足够的最终用户会使用该项目设施并支付费用。

鉴此，在这类项目的 PPP 项目合同中，通常会规定政府方有义务防止不必要的竞争性项目，即通常所说的唯一性条款。例如，在公路项目中，通常会规定政府承诺在一定年限内、在 PPP 项目附近一定区域不会修建另一条具有竞争性的公路。

其四，其他承诺。

某些 PPP 项目合同中，也可能规定其他形式的政府承诺。

例如，在污水处理和垃圾处理项目中，政府可能会承诺按时提供一定量的污水或垃圾以保证项目的运营。在一些电力项目中，政府承诺建设部分项目配套设施，完成项目与现有相关基础设施和公用事业的对接等。

(三)外部风险的管理

对于外部风险，各方均无法控制，可用的风险管理手段并不多。

外部风险的管理更多地是做好有关政策、法律变化的预测工作，在 PPP 项目设计阶段就做出有针对性的预防安排。对于某些不可抗力导致的风险，也可以选择购买保险。

(四)融资方的风险管理

如果项目完全失败，项目公司破产，社会资本以其出资额承担有限责任，政府方视情况提供一定的救济，而超出上述限度的损失则由公司的债权人承担。因此，融资方承担了项目所有风险的最终兜底责任。融资方为了控制风险、保护其债权安全，可能要求在融资合同中加入一些对项目公司进行约束的条款。典型的包括：

其一，对项目公司的股权以及某些特定资产转让的限制。

如果项目公司以项目资产或其他权益（例如运营期的收费权）、或社会资本以其所持有的与项目相关的权利（例如其所持有的项目公司股权）为担保向融资方申请融资，融资方在主张其担保债权时可能会导致项目公司股权以及项目相关资产和权益的权属变更。当股权或相关资产的转让有可能影响到公司债务的偿还时，融资方有否决交易的权利。

其二，项目公司新增融资的限制。

当项目公司计划举借更多的债务时，鉴于新增债务加大了公司偿债压力，可能影响到原有债务的偿还，融资方有否决新增融资计划的权利。

其三，融资方的介入权。

在某些特定情况下，融资方有介入公司运作的权利，例如当公司财务状况恶化、出现重大的事故或违约事件、项目提前终止等等。例如项目提前终止，由于其可能会对融资方债权的实现造成严重影响，因此融资方通常希望在发生项目公司违约事件且项目公司无法在约定期限内补救时，可以自行或委托第三方在项目提前终止前对项目进行补救。为了保障融资方的该项权利，融资方通常会要求在PPP项目合同中或者通过政府、项目公司与融资方签订的直接介入协议对融资方的介入权予以明确约定。

风险承担

风险后果的承担，体现在关于对违约责任的认定及违约后果规定的合同条款中。

其一，政府方的违约事件。

常见的政府方违约事件包括：

未按合同约定向项目公司付费或提供补助达到一定期限或金额的；

违反合同约定转让 PPP 项目合同项下义务；

发生政府方可控的对项目设施或项目公司股份的征收或征用的（是指因政府方导致的或在政府方控制下的征收或征用，如非因政府方原因且不在政府方控制下的征收征用，则可以视为政治不可抗力）；

发生政府方可控的法律变更导致 PPP 项目合同无法继续履行的；

其他违反 PPP 项目合同项下义务，并导致项目公司无法履行合同的情形。

其二，项目公司的违约事件。

常见的项目公司违约事件包括但不限于：

项目公司破产或资不抵债的；

项目公司未在约定时间内实现约定的建设进度或项目完工、或开始运营，且逾期超过一定期限的；

项目公司未按照规定的要求和标准提供产品或服务，情节严重或造成严重后果的；

未按合同约定为 PPP 项目或相关资产购买保险的。

其三，社会资本方的违约事件。

常见的社会资本方违约事件包括但不限于：

未能在规定的期限内完成融资计划；

违反合同约定对项目公司或自身的股权实施变更；

依 PPP 项目合同规定需向政府方提供有关项目公司的信息，例如项目公司高层管理人员任职变动、银行授信额度的变化、以及其他影响项目公司运营的重大事件等等，但未提供或未能及时提供；

对政府方行使项目合同所规定的监督与介入权人为设置障碍；

对融资方行使融资合同所规定的监督与介入权人为设置障碍。

其四，违约责任的承担。

在 PPP 项目的合同体系中，应当尽可能详尽地规定违约事件的处理与后果的承担方式。一旦发生违约事件，在认定违约责任后，即可依合同规定向责任方进行索赔、没收履约担保金、提取保函，或者要求责任方限期采取弥补或恢复措施。

相对于政府方而言，项目公司与社会资本方通常属于弱势方，本着契约精神，当项目公司或社会资本方违约时，政府方应当依合同规定处理，不应采取过度措施。当政府方违约时，相关政府部门应当勇于承担违约责任，尽力采取补救措施。某些违约事件发生后，可能依合同规定方式仍然无法处理，即常规方式无法追究违约方的责任，此时可能提起诉讼。无论是"民告官"还是"官告民"，有关法院应当将政府方视为普通市场主体，对双方一视同仁，切实保障各方的正当权利。

【IV】项目移交：让"婚恋"善始善终

做一个PPP项目，面对一段长期的"婚恋"，善始善终尤显可贵。

到了项目移交这个环节，一个PPP项目就到了接近尾声的时刻。

根据财政部规定，项目移交是指合作期限结束或合同提前终止后，项目公司将全部项目设施及相关权益以合同约定的条件和程序移交给政府或者政府指定的其他机构。

项目移交的基本原则是：项目公司必须确保项目符合政府回收项目的基本要求。项目合作期限届满或项目合同提前终止后，政府需要对项目进行重新采购或自行运营的，项目公司必须尽可能减少移交对公共产品或服务供给的影响，确保项目持续运营。

在移交前，政府方应做好相关的准备工作。主要是组建专门机构或指定现有的机构或部门承担移交后的有关设施的运营、维护和管理工作。相关机构及人员也将参加项目的移交工作。

移交的条件

PPP项目合同中，应该明确约定项目移交的条件和标准，以确保回收的项目达到政府预期的要求。通常包括以下两类条件和标准：

(一)权利方面的条件和标准

原则上，移交的项目设施、土地及所涉及的任何资产应当不存在权利瑕疵，其尚未设置任何担保及其他第三人的权利。

移交前，项目公司应当检查有关资产是否涉及抵押、产权不明确或者有争议等，并作出诸如撤销抵押、谈判磋商明确产权归属等处理。

当项目提前终止而移交时，若此时项目公司尚有未清偿的贷款并以相关资产为抵押，则无需撤销抵押或作另行处理，这是因为移交中的接受需要继承该项债务，故相关资产连同债务一并列入移交范围。

(二)技术方面的条件和标准

项目设施应符合双方约定的技术、安全和环保标准，并处于良好的运营状况。在一些 PPP 项目合同中，会对"良好运营状况"的标准做进一步明确，例如在不再维修情况下，项目可以正常运营 3 年等。

根据项目的具体情况明确项目移交的范围，并在 PPP 项目合同中明确规定，以免因项目移交范围不明确造成争议。

移交的范围通常包括：

项目设施；

项目土地使用权及项目用地相关的其他权利；

与项目设施相关的设备、机器、装置、零部件、备品备件以及其他动产；

项目实施相关人员；

运营维护项目设施所要求的技术和技术信息；

与项目设施有关的手册、图纸、文件和资料（书面文件和电子文档）；

移交项目所需的其他文件。

移交的费用

在 PPP 项目移交前，通常要对项目的资产状况进行评估，要对项目状况能否达到合同约定的移交条件和标准进行测试。这些工作通常由政府方委托的独立专家或由政府方和项目公司共同组成的移交工作组负责。

经评估和测试，项目状况不符合约定移交条件和标准的，政府方有权提取移交维修保函，并要求项目公司对项目设施进行相应的恢复性修理、更新或重新购置，以确保项目在移交时满足约定要求。

随后是办理移交手续。相关的资产过户和合同转让等手续由哪一方负责办理，主要取决于合同约定。多数情况下由项目公司负责。

关于移交相关费用的承担，通常取决于双方的谈判结果，常见做法包括：

由项目公司承担移交手续的相关费用（这是比较常见的一种安排，而且办理移交手续的相关费用也会在项目的财务安排中予以预先考虑）；

由政府方和项目公司共同承担移交手续的相关费用；

如果因为一方违约事件导致项目终止而需要提前移交，可以约定由违约方来承担移交费用。

在正常移交的情况下，移交费用的承担选择何种方式并无本质区别。因为双方在事先的谈判中会通盘考虑，例如某一方在费用承担上作出让步后，势必在其他方面要求补偿。但 PPP 合同需要考虑不同承担方式的可操作性和便利性。

合同的转让

项目移交时，项目公司在项目建设和运营阶段签订的一系列重要合同可能仍然需要继续履行，因此可能需要将这些尚未履行完毕的合同由项目公司转让给政府或政府指定的其他机构。

为能够履行上述义务，项目公司应在签署这些合同时即与相关合同方（如承包商或运营商）明确约定，在项目移交时同意项目公司将所涉合同转让给政府或政府指定的其他机构。

实践中，可转让的合同可能包括项目的工程承包合同、运营服务合同、原料供应合同、产品或服务购买合同、融资租赁合同、保险合同以及租赁合同等。

通常政府会根据上述合同对于项目继续运营的重要性，决定是否进行合同转让。此外，如果这些合同中包含尚未期满的相关担保，也应该根据政府的要求全部转让给政府或者政府指定的其他机构。

在一些对于项目实施专业性要求较高的 PPP 项目中，可能需要使用第三方的技术，包括通过技术转让或技术许可的方式从第三方取得的技术。在此情况下，政府需要确保在项目移交之后不会因为继续使用这些技术而被任何第三方进行侵权索赔。

有鉴于此，PPP 项目合同中通常会约定，项目公司应在移交时将项目运营和维护所需要的所有技术，全部移交给政府或政府指定的其他机构，并确保政府或政府指定的其他机构不会因使用这些技术而遭受任何侵权索赔。

如果有关技术为第三方所有，项目公司应在与第三方签署技术授权合同时即与第三方明确约定，同意项目公司在项目移交时将技术授权合同转让给政府或政府指定的其他机构。

此外，PPP 项目合同中通常还会约定，如果这些技术的使用权在移交日前已期满，项目公司或社会资本方有义务协助政府取得这些技术的使用权。

移交条款中，通常还会明确在移交过程中的风险转移安排：在移交日前，由项目公司承担项目设施的全部或部分损失或损坏的风险，除非该损失或损坏是由政府方的过错或违约所致；在移交日及其后，由政府承担项目设施的全部或部分损失或损坏的风险。

【V】 争议解决：处理分歧须有度

PPP 项目实施过程中总会出现争议。

这些争议如果在合同中有明确规定，按合同条款处理。下文举出的争议，通常是指合同没有规定或规定不完善的情况。进一步说，下文所提出的争议情况及处理原则或可以为 PPP 项目的设计工作提供有益参考，使之体现在有关合同条款中。

值得注意的是，鉴于 PPP 项目通常涉及公共利益，为保障项目持续稳定运营，合同各方通常会在争议解决条款中明确：发生争议期间，各方对合同无争议部分应继续履行，除法律规定或另有约定外，任何一方不得以发生争议为由，停止项目运营。

关联交易的争议

社会资本与项目公司之间的关联交易，是政府方监督的一个重要内容，也是极易引发争议的内容。争议的焦点通常集中在两个方面：一是所交易的资产是否是项目所需要的，其质量是否达到必要标准、是否能满足项目建设要求；二是交易价格是否合理。

在 PPP 项目实践中无法完全禁止关联交易。因为，社会资本往往是该领域的专业供应商，为项目提供某些原料或设施有着成本优势。但是，政府方代表必须高度警惕关联交易，因为，社会资本有可能将项目所不需要的资产、或者是质量不合格的产品卖给项目公司。

项目公司在交易中所购入资产是否为项目所必需，这要求政府方代表有着相关专业知识，并充分了解项目实施进展。为保证其质量，应由政府方指定独立的质量检测机构进行检验，并出具质量鉴定报告。

关联交易的价格可能不合理，其实质是项目公司向社会资本的利益输送。

在政府付费或者补贴的项目中，这种情况一般不太可能出现，因为，项目公司的利润完全归社会资本所有，没必要进行利益输送。

但是，在政府方参与项目收益分配的 PPP 项目中，利益输送极有可能发生。

关联交易的定价，应当以同类产品的市场交易价格为参照，复杂的交易则需要委托独立的第三方进行评估和定价。

发生争议时，政府方应当尽可能多地收集同类产品的交易案例和有关数据，做到有理有据。

政府介入权使用的争议

由于项目公司的管理层大多由社会资本任命且听命于社会资本，政府方的代表在行使监督权时可能与之发生冲突或产生争议。

尽管在 PPP 项目合同中有关于政府方的监督、介入权限的规定，但是在实践中仍然有一个"度"的掌握问题。监督、介入权的主要目的在于预防和控制内部风险。作为一种预防性的手段，它并不是使用得越多越好。

政府方代表既要避免不作为，有效履行监督职责，又要掌握使用监督权的灵活性。这就要求政府方代表既要有高度的责任心，又要求精通有关专业知识；对于有关事项事先要做详细的调查，充分掌握有关信息与证据，做到有利有节，以理服人。同时政府代表还应具备一定的协调能力，处理好双方关系。

定价与调价机制的争议

在 PPP 项目合同中，会事先规定项目产品或服务的定价方法以及不同情况下的调价机制，然而，某些异常情况的出现，可能导致这类条款在实施中出现争议。

比如，定价的计算公式中，可能设置了某个市场参数，典型的如通货膨胀率。如果项目实施期间，政府调整了通货膨胀率计算的商品篮子，那么，通胀率数据也会随之变化，这样一来，原先的计算公式如何调整就会引发争议。

定价与调价机制的争议没有固定的处理方式，但需注意以下两点：

其一，PPP 项目在设计时的一个基本原则是要让社会资本获得合理回报率，这个回报率是事前预期的，不是事后的保证。原则上，如果由于公司管理不善，或由于其应承担的风险而造成项目公司亏损，这在争议处理中不能作为支持社会资本主张的理由。

其二，如果合同没有明确约定，那么，项目的市场风险一般由社会资本方承担。

根据经济学原理，在市场价格条件下，资源利用效率最高。

因此，可以合理模拟或者参照同类市场条件下的价格，用作定价和调价的依据。

其他争议

对合同条款不同解释的争议。项目的有关参与方对合同条款有不同的理解和解释也会造成争议。解决的原则是，应当从合同签订时的环境与条件出发合理推测相关条款的设置目的，据此对该条款作出合理的解释。

其他常见的争议还包括：关于设计变更、安全与质量标准变更的争议；关于建设质量、运营绩效、项目移交时资产的状况、范围等认定的争议；关于股权变更限制的争议；关于政府承诺是否被遵守及其影响大小衡量的争议等。

尽管争议的产生因具体项目、因时、因地而异，但解决争议应依两个基本原则：一是要根据事实和证据来认定责任承担方，二是要根据 PPP 项目合同的精神（而不是文字表述）以及由此推定的风险分配安排来确定双方对有关成本的承担比例。

争议的处理程序

PPP 项目所涉合同中，通常都会规定争议解决条款。

争议解决方式通常需要合作方根据具体情况灵活选择。常见的争议解决方式包括：友好协商、专家裁决、仲裁、诉讼。

（一）友好协商

为争取尽快解决争议，多数 PPP 项目合同中，都会约定在发生争议后先由双方通过友好协商的方式解决纠纷。这样做的目的是为了防止双方直接启动正式的法律程序。诉讼和仲裁是非常耗时且昂贵的，并且一旦开始往往很难停止。

实践中，协商的具体约定方式包括：

其一，协商前置。发生争议后，双方必须在一段特定期限内进行协商，在该期限届满前双方均不能提起进一步的法律程序。

其二，选择协商。将协商作为一个可以选择的争议解决程序，无论是否已进入协商程序，各方均可在任何时候启动诉讼或仲裁等其他程序。

其三，协商委员会。在合同中明确约定由政府方和项目公司的代表组成协商委员会，双方一旦发生争议，应当首先提交协商委员会协商解决。如果在约定时间内协商委员会无法就有关争议达成一致，则进入下一阶段的争议解决程序。

需要注意的是，协商通常应当是保密且"无损实体权利"的，当事人在协商过程中所说的话或所提供的书面文件，不得用于之后的法律程序。因为，如果双方能够确定这些内容在将来的诉讼或仲裁中不会被作为不利于自己的证据，他们可能更愿意主动做出让步或提出解决方案。

(二)专家裁决

对于PPP项目中涉及的专业性或技术性纠纷，可以通过专家裁决的方式解决。

负责专家裁决的独立专家，可以由双方在PPP项目合同中予以委任，也可以在产生争议之前共同指定。

专家裁决通常适用于对事实无异议、仅需要进行某些专业评估的情形，不适用于解决那些需要审查大量事实依据的纠纷，也不适用于解决纯粹的法律纠纷。

（三）仲裁

仲裁是一种以双方书面同意进入仲裁程序为前提（即合同双方必须书面约定将争议提交仲裁）的替代诉讼的纠纷解决方式。

一般而言，仲裁相较于诉讼，具有下列优点：

仲裁程序更具灵活性，更尊重当事人的程序自主；

仲裁程序更具专业性，当事人可以选择相关领域的专家作为仲裁员；

仲裁程序更具保密性，除非双方协议可以公开仲裁，一般仲裁程序和仲裁结果均不会对外公开；

仲裁程序一裁终局，有可能比诉讼程序更快捷、成本更低。

依照我国法律，仲裁裁决与民事判决一样，具有终局性和法律约束力。除基于法律明确规定的事由，法院不能对仲裁的裁决程序和裁决结果进行干预。

（四）诉讼

在 PPP 项目合同争议解决条款中，也可以选择诉讼作为最终的争议解决方式。

需要注意的是，就 PPP 项目合同产生的合同争议，应属于平等的民事主体之间的争议，应适用民事诉讼程序，而非行政复议、行政诉讼程序。这一点不应因政府方是 PPP 项目合同的一方签约主体而有任何改变。

实践中，诉讼程序相较于仲裁程序时间更长，程序更复杂，比较正式且对立性更强，因此，PPP 项目双方在选择最终的争议解决程序时需要仔细考量。

伍

责无旁贷的保驾护航

PPP 不仅仅是一种投融资方式的创新，更是政府管理方式的一场变革。

作为合作伙伴关系，政府的重信用与社会资本的讲信誉并重。在伙伴关系这个基本原则下，政府与社会资本在合作上就像婚姻中的"夫妻"，讲求平等。政府"权系民所赋，权为民所用"，必须对公共利益负责，具体到 PPP 项目实施中，项目公司的运作必须接受政府监督，但政府又不能过度干预。

政府必须首先转变角色定位，由过去的主导者，变为引导者、合作者、监管者。

如何做好合作伙伴？既要保障政府的公共利益，又要照顾社会资本方的经济利益，这是政府作为合作一方的必然站位。

如何做好项目监管？这要求政府从公共职能出发，在项目识别、准备、采购、执行、移交这一全生命周期，更具监管艺术：应该进行的财政承受能力论证，必须科学；应该进行的项目可行性调研，必须充分；应该设定的监督和介入条款，必须严格。

【I】政府护航：多维布局初步形成

PPP 模式当前在国内的推广应用，是适应经济发展新常态、构建现代财政制度、助推国家治理现代化的需要，现在主要应用于公共交通、公用设施和社会公共服务等领域。

党的十八届三中全会《决定》明确提出：允许社会资本通过特许经营等方式参与城市基础设施投资和运营。国务院及各部委随即加紧研究、部署推进，一系列政策、规范相继出台，协调、管理机制相应建立、逐步完善，政府护航的多维布局已逐步成型，一批 PPP 示范项目相继亮相。

责任主体初步明确

PPP 模式的推进进程中，尤其是试点工作起步阶段，政府理所应当发挥引导作用。而政府系统又是由各职能部门、各层级政府横纵架构而成。

因此，厘清横纵关系、明确部门职能，实现责任主体到位、协调机制到位，为推进 PPP 模式的首要工作。当前，我国关于 PPP 模式的责任主体已渐成系统。

(一)部门责任主体明确

根据党的十八届三中全会《决定》重要举措分工方案，财政部是落实"允许社会资本通过特许经营等方式参与城市基础设施投资和运营"改革举措的第一责任部门。

财政部 2014 年 11 月发布的《政府和社会资本合作模式操作指南（试行)》要求：

财政部门应本着社会主义市场经济基本原则，以制度创新、合作契约精神，加强与政府相关部门的协调，积极发挥第三方专业机构作用，全面统筹政府和社会资本合作管理工作。

各省、自治区、直辖市、计划单列市和新疆生产建设兵团财政部门应积极设立政府和社会资本合作中心或指定专门机构，履行规划指导、融资支持、识别评估、咨询服务、宣传培训、绩效评价、信息统计、专家库和项目库建设等职责。

县级（含）以上地方人民政府可建立专门协调机制，主要负责项目评审、组织协调和检查督导等工作，实现简化审批流程、提高工作效率的目的。

2015 年 5 月 19 日，国务院办公厅转发财政部等部委《关于在公共服务领域推广政府和社会资本合作模式的指导意见》要求：

财政部要会同有关部门，加强政策沟通协调和信息交流，完善体制机制。教育、科技、民政、人力资源和社会保障、国土资源、环境保护、住房和城乡建设、交通运输、水利、农业、商务、文化、卫生计生等行业主管部门，要结合本行业特点，积极运用政府和社会资本合作模式提供公共服务，探索完善相关监管制度体系。

（二）协调机制和机构确立

为推进 PPP 模式，财政部已确定了一个机制、设立了一个机构、制定了一批政策、发布了一批项目。

十八届三中全会《决定》公布后 1 个月，2013 年底，财政部部长楼继伟特别要求，在全国财政工作会议召开期间套开PPP专题会议。随后，财政部组织了多场专题培训和研讨，面向财政系统干部、金融机构、大型企业业务骨干人员、部分市级政府分管副市长推广PPP理念和模式。

2014年5月，财政部成立PPP工作领导小组，时任财政部副部长王保安担任领导小组组长，金融司、经建司、条法司、预算司、国际司、中国清洁发展机制基金管理中心相关负责人为成员，办公室设金融司。其中，经建司负责PPP项目专项资金，金融司负责PPP相关政策制定，清洁发展机制基金负责技术支持。当年9月，财政部内部机构改革，着力搭建了PPP工作协调机制办公室，设在金融司，同时，金融司新设立PPP处。同年12月，财政部PPP中心获批，主要承担PPP工作的政策研究、咨询培训、信息统计和国际交流等职责。

PPP示范项目的实施，是推进PPP模式的重要抓手，旨在形成可复制、可推广的实施范例，进而形成一套有效促进PPP规范健康发展的制度体系。2014年，经各省份财政部门推荐，财政部PPP工作领导小组办公室组织专家评审，遴选了30个示范项目对外发布。

遴选这些项目过程中，重点考察的因素包括：采购程序的竞争性、社会资本的真实性、运作方式的合理性、交易结构的适当性、财政承受能力的持续性、同类项目的推广性等。

这些因素，地方政府在遴选本级PPP示范项目时也可重点考察。

(三)试点省份积极探索

财政部选择在四川、河南、福建、江苏、安徽、重庆、青海、湖南等 8 个省份开展 PPP 工作试点。截至 2015 年初，8 个试点省份均公布了 PPP 试点项目清单，项目数量共计 556 个，总投资额达 9632.6 亿元。8 个试点省份均以省政府或财政厅（局）文件的方式，出台了推广应用 PPP 的指导意见。

湖南是财政部确定的试点省份之一，反应迅速、进展较快。2014 年初，全省财政工作会议召开期间，套开 PPP 工作研究部署会和市县局长培训会，这距离财政部 PPP 工作研究部署会还不到 1 个月。

湖南专门成立了政府和社会资本合作管理办公室，这是全国第一个成立 PPP 管理机构的省份。2014 年 12 月 22 日，湖南省财政厅印发《关于推广运用政府和社会资本合作模式的指导意见》，成为全国率先发布 PPP 指导意见的省份之一。财政部公布的首批 30 个 PPP 示范项目中，湖南有一个项目被纳入。

湖南省财政还注重配套政策制定，积极优化 PPP 模式推广的外部环境：省财政联合国家开发银行等金融机构，优先支持 PPP 试点项目融资；采取"以奖代补"和财政贴息等方式，支持 PPP 项目公司利用外国政府贷款或国际金融组织资金。

制度保障逐步建立

一个 PPP 项目的全生命周期往往非常漫长，且在这个过程中，核心与非核心的合作方众多，利益诉求复杂，不可控因素复杂。

基于这样的特点，关于 PPP 项目的制度框架设计就尤为重要。同时，只有通过制度上的明确保障，才能为社会资本进入

PPP 项目注入"稳定剂"。

当前，我国关于 PPP 模式的制度设计，正在逐步建立。

（一）国家法律层面

与 PPP 模式和项目运行相关的法律包括《政府采购法》《招标投标法》《合同法》《行政许可法》《公司法》《物权法》《担保法》《环境保护法》《公路法》《价格法》《企业国有资产法》《土地管理法》《商业银行法》《城乡规划法》等。

其中，《政府采购法》《招标投标法》与 PPP 模式和项目运行的关系最为密切。

但是，这两部法律于 PPP 模式而言，还有待修改、完善。

比如，《政府采购法》第 2 条规定：政府采购，是指各级国家机关、事业单位和团体组织，使用财政性资金采购依法制定的集中采购目录以内的或者采购限额标准以上的货物、工程和服务的行为。

按照这一规定，只有使用者付费加一定政府补贴的项目、政府付费项目使用了财政性资金，才适用《政府采购法》，属严格意义上的政府采购。在《政府采购法》没有作出修改，或者专门立法没有作出明确之前，国内采用用户付费模式的 PPP 项目，只能算广义上的综合购买服务。

目前，财政部正在研究推动 PPP 立法工作，争取未来出台《政府和企业合作法》，主要规定政府购买服务的适用范围、选择企业的相关条件和程序、各方的权利和义务、以及部门职责分工等。

（二）国务院发布的规范性文件

2014 年 11 月份印发的《国务院关于创新重点领域投融资机

制鼓励社会投资的指导意见》，是一份相对专门性的文件。

《指导意见》针对公共服务、资源环境、生态建设、基础设施等经济社会发展的薄弱环节，提出了进一步放开市场准入、创新投资运营机制、推进投资主体多元化、完善价格形成机制等方面的创新措施。

《指导意见》用专门章节要求建立健全 PPP 机制：在公共服务、资源环境、生态保护、基础设施等领域，积极推广 PPP 模式，规范选择项目合作伙伴，引入社会资本，增强公共产品供给能力；政府有关部门要严格按照预算管理有关法律法规，完善财政补贴制度，切实控制和防范财政风险；健全 PPP 模式的法规体系，保障项目顺利运行；鼓励通过 PPP 方式盘活存量资源，变现资金用于重点领域建设。

2015 年 5 月 19 日，国务院办公厅转发的财政部等部委《关于在公共服务领域推广政府和社会资本合作模式的指导意见》，是我国当前关于 PPP 的"纲领性文件"。

这份《指导意见》明确了推进 PPP 的基本原则：依法合规、重诺履约、公开透明、公众受益、积极稳妥。同时要求财政部强化统筹协调，会同有关部门对本意见落实情况进行督促检查和跟踪分析，重大事项及时向国务院报告。

(三)部门联合发布的规范性文件

财政部相继与住房城乡建设部、水利部、环境保护部、交通运输部等多个部门联合印发了推广运用 PPP 模式的文件。

2015 年 2 月 13 日，财政部、住房城乡建设部联合印发了《关于市政公用领域开展政府和社会资本合作项目推介工作的通知》。

《通知》决定，在城市供水、污水处理、垃圾处理、供热、供气、道路桥梁、公共交通基础设施、公共停车场、地下综合管廊等市政公用领域开展 PPP 项目推介工作。

2015 年 3 月 7 日，财政部、水利部等联合印发了《关于鼓励和引导社会资本参与重大水利工程建设运营的实施意见》。

这份《意见》要求，对新建项目，要建立健全 PPP 机制，鼓励社会资本以特许经营、参股控股等多种形式参与重大水利工程建设运营。综合水利枢纽、大城市供排水管网的建设经营需按规定由中方控股。对公益性较强、没有直接收益的河湖堤防整治等水利工程建设项目，可通过与经营性较强项目组合开发、按流域统一规划实施等方式，吸引社会资本参与。

2015 年 4 月 9 日，财政部、环境保护部联合印发了《关于推进水污染防治领域政府和社会资本合作的实施意见》。

《意见》要求，在水污染防治领域形成以合同约束、信息公开、过程监管、绩效考核等为主要内容，多层次、一体化、综合性的 PPP 工作规范体系，实现合作双方风险分担、利益共享、权益融合。建立和完善水污染防治领域稳定、长效的社会资本投资回报机制。

2015 年 4 月 20 日，财政部、交通运输部联合印发了《关于在收费公路领域推广运用政府和社会资本合作模式的实施意见》。

《意见》表示，鼓励社会资本通过 PPP 模式，参与收费公路投资、建设、运营和维护，与政府共同参与项目全周期管理，发挥政府和社会资本各自优势，提高收费公路服务供给的质量和效率。社会投资者按照市场化原则出资，独自或与政府指定机构共同成立项目公司建设和运营收费公路项目，政府要逐步从"补建设"向"补运营"转变，以项目运营绩效评价结果为依据，适时对价格和补贴进行调整，支持社会资本参与收费公路建设运营，提高财政支出的引导和带动作用，拓宽社会资本发展空间，有效释放市场活力。

（四）部门单独发布的规范性文件

国务院各相关组成部门，基于各自职责也单独发布了规范性文件。

比如，财政部出台了一系列关于 PPP 的规范性文件：

《关于政府和社会资本合作示范项目实施有关问题的通知》，要求规范选择社会资本、合理分配合作风险、规范实行财政承诺及预算管理、做好绩效评价等财政管理工作。

《关于印发政府和社会资本合作模式操作指南（试行）的通知》，对 PPP 的定义、适用范围、各种模式、流程等进行了规定，以期让各方掌握 PPP 项目运作的基本方法及程序，提高项目运作质量。

《PPP 项目合同指南（试行)》《关于规范政府和社会资本合作合同管理工作的通知》，旨在加强对 PPP 合同的起草、谈判、履行、变更、解除、转让、终止直至失效的全过程管理。

《政府采购竞争性磋商采购方式管理暂行办法》，主要适用于政府购买服务项目，市场竞争不充分的科研项目以及需要扶持的科技成果转化项目等五种情形。

《政府和社会资本合作项目政府采购管理办法》，主要适用于 PPP 项目实施机构（采购人）选择合作社会资本（供应商）的情形。

除财政部之外，住建部等部门也发布了相应规范性文件。

【II】角色定位：当好引导者合作者监管者

2014 年，我国 PPP 模式推进工作，总体处于研究和制度设计阶段，属于探路之年。当年下半年开始，财政部、省级地方政府尤其是被财政部纳入先期试点的 8 个省份，发布了大量 PPP 项目，PPP 模式从案头走到社会资本和公众面前。因此，2015 年可以称为大力推进 PPP 模式的开局之年。

大力推广 PPP 模式，政府必须首先转变角色定位，由过去的主导者，变为引导者、合作者、监管者。具体来说，当好引导者，就是打造出好的政策环境，更多地去引导和鼓励社会资本参与基础设施建设领域；当好合作者，就是政府与市场主体要在遵守合作协议的基础上，共同投入资源，共同行使权利，共同分享收益，共同承担风险，实现激励相容；当好监管者，就是要始终坚持公共利益优先、坚持规范运作、坚持稳步推进。

PPP 模式如何规范落地、遍地开花？政府如何平衡自身、多角色发力？前面章节按流程阐述了 PPP 模式的操作方式，有助于政府扮演好引导者和合作者的角色，本章则将重点阐述监管者角色发力方式。

监管原则

PPP 模式是政府和社会资本按照市场规则合作而提供公共

产品或准公共产品。市场不是万能的，自由市场运作本身存在缺陷和无效性。根据公共利益理论，政府为公共利益代言发声，因此，需要政府监管的介入来弥补市场缺陷，提高 PPP 模式的效益。

一般而言，政府对 PPP 项目的监管，主要坚持三大原则：

坚持公共利益优先。注重强化监管，明确市政公用产品和服务主体责任，提高质量，优化价格，关注百姓切身利益。

坚持依法依规运作。依法依规对项目进行充分论证、选择合作伙伴、制定和履行各类合同、组织绩效评价，避免政府失信违约、合作伙伴牟取暴利等不规范行为发生。

坚持经济利益兼顾。优先改造符合条件的存量项目，优先在已有成功范本的领域开展 PPP 项目，优先选取价格调整机制相对灵活、市场化程度相对较高、投资规模相对较大、需求长期稳定且以"使用者付费"为基础的优质、典型项目。

监管机构

目前，我国 PPP 模式政府监管机制中，存在监管主体繁多、监管权力分散等问题。从监管主体结构来看，具体表现在监管机构设置狭窄，缺少综合性与全局性、全生命周期性。

(一)各类监管主体

为了提高效率、降低行政成本，县级和县级以上政府可以考虑设立综合性监管机构，将 PPP 项目管理涉及的众多部门纳入其中，来监管域内所有 PPP 项目。

PPP 项目监管主体主要有以下五类：

①综合牵头部门：财政部门。由于操作一个 PPP 项目所涉及的核心工作，如财政承受能力论证、项目采购等，与财政部门工作高度相关，因此，将综合性监管机构设置在财政部门，或以财政部门为主而设立，更有利于工作开展。

目前，湖南等地已明确由省级财政部门牵头开展 PPP 项目推广工作。

②行业主管（发起）部门；比如发改、住建、交通运输、水利、环保、卫计等部门。

③政府审计部门；

④政府监察部门；

⑤独立中介机构，即第三方监管机构。

PPP 模式涉及领域广、部门多，且随着工作逐步推开，试点范围进一步扩大，为确保监管机构运行有序，需要在保持系统综合性、包容性的基础上，提高专业性。

因此，综合性监管机构内部考虑分条块设置子系统，比如，根据所监管项目的对口分管部门，考虑设置轨道交通、能源、教科文卫等子系统，随着 PPP 工作的推进，可不断增加或撤销子系统。

(二)明确监管职责

从政府角度而言，监管的最终目标是确保项目顺利完成，公共利益、社会利益得到保障。

具体到一个 PPP 项目的识别、准备、采购、执行、移交等，政府方需要根据行政职责和阶段特点确定相应的监管目标、监管重点。

其一，综合牵头部门的监管职责。

综合牵头部门即财政部门。除了做好 PPP 制度的研究和设计、合同文本的规范等顶层设计工作，和 PPP 政策咨询、开展 PPP 业务培训等引导工作之外，还应对 PPP 项目实施的全生命周期进行监管。

具体包括：

项目识别阶段，对项目开展物有所值评价、进行财政承受能力论证；

项目准备阶段，对项目的实施方案（包括可行性方案和造价方案等）进行审核，根据需要牵头组织项目管理机构的组建；

项目采购阶段，牵头组织采购文件编制、项目竞投方资格预审、响应文件评审、与社会资本谈判并签署合同；

项目执行阶段，对项目进行全生命周期的绩效监测，并对项目进行中期评估；对于政府付费方式项目和可行性缺口补助项目，财政部门还要代表政府履行付费责任；

项目移交阶段，牵头组织对即将移交项目的性能测试、绩效评价，项目移交。

其二，行业主管（发起）部门的监管职责。

行业主管部门与综合牵头部门一道参与其主管业务内 PPP 项目全过程的监管。对于任何一个项目来说，其综合牵头部门是既定的，为财政部门，但其主管部门是根据项目所属行业性质来确定的，如污水处理设施项目对应环保部门，公路建设项目对应交通运输部门等。

具体包括：

项目识别阶段，识别发起项目，或者对社会资本的自提项目进行筛选；参与由财政部门牵头组织的物有所值评价；

项目准备阶段，参与项目管理架构的组建，编制项目实施方案；

项目采购阶段，参与对竞投方进行资格预审、采购文件编制、响应文件评审；

项目执行阶段，根据需要，派员与社会资本方成立项目公司，并参与项目绩效的评估监测和项目中期评估；

项目移交阶段，参与对项目的性能测试、绩效评价、项目移交。

其三，其他主体的监管职责。

政府审计部门，主要负责对项目全生命周期资金使用情况等进行监督。

政府监察部门，主要负责对 PPP 项目中的违纪、腐败行为进行查处，创造良好的项目实施环境。

独立中介机构，接受政府部门的委托，对项目进行评估和绩效评估等。

绩效评价

项目实施过程中需要定期对项目进行绩效评价。绩效评价可以由财政部门牵头组建专门的项目绩效评价工作小组进行，也可以由相关部门委托独立的中介机构进行。

项目绩效评价工作小组应当事先制定绩效评价工作方案，包括组织方案、人员安排、费用预算与来源安排等，并精心组织实施。绩效评价的基本步骤为：①设计绩效评价指标体系；②调查、收集、核实相关的数据和资料；③撰写评价报告；④

反馈应用评价结果。

(1)设计绩效评价指标体系

设计绩效评价指标体系包括如下工作：第一，确定绩效考察的目标与范围；第二，针对绩效目标设计评估指标，包括定性和定量指标；第三，确定各类指标的等级标准。

在项目实施的不同阶段，绩效考察目标也有所不同。例如在项目建设阶段，绩效考察目标主要包括项目公司资金使用状况、项目建设进度、成本控制、项目建设质量等。在项目运营阶段则主要包括：提供的公共产品和服务的数量、服务对象公众的满意程度、经济效益、社会效益、环境效益等。

绩效评价指标是指衡量绩效目标实现程度的考核工具。根据具体绩效目标的不同可设置定性指标和定量指标。

绩效评价指标等级标准是衡量绩效目标达成程度的尺度。例如，以达到项目预期目标或效果为"良"，超出预期目标为"优"，基本达到为"及格"，未达到为"差"；并确定各等级对指标分值的要求范围。

(2)调查、收集、核实相关的数据和资料

有关数据和资料的调查、收集和核实可能是一项费时费力的工作。相关数据和资料的范围根据事先确定的评价指标而定。由于PPP项目涉及公共利益，因而往往需要对有关公众进行调查采访，收集其反馈意见。此时调查对象的选择不能有偏向性，例如都选择某一类型的群众。

并非通过调查获得的第一手数据和资料，则还需要核实，以确保其真实性。

(3)撰写评价报告

绩效评价报告的内容主要包括：

（一）项目实施的基本概况；

（二）评价指标体系的说明；

（三）各指标分值、计算依据、所处等级；

（四）总结分析绩效目标完成情况；

（五）存在问题及原因分析；

（六）评价结论及建议。

（4）反馈应用评价结果

项目实施机构应当及时整理、归纳、分析、反馈绩效评价结果，并将其作为改进项目实施监管的重要依据。

对绩效评价结果较好的，项目实施机构可对项目公司或社会资本予以奖励或提供更多的支持。

对绩效评价发现问题、达不到绩效目标或评价结果较差的，项目实施机构应责令项目公司或社会资本方限期整改。不进行整改或整改不到位的，应当依据有关合同规定进行追责、采取制裁措施、必要时行使介入权接管公司，乃至终止项目实施。

监管重点

PPP 是一种新型的管理模式，合理利用 PPP 模式，既可以有效增加公共产品或服务的供给，降低成本，又可以减轻政府的财政负担。但是如果政府不能及时转变职能，改善管理能力，依然重建轻管、角色错位、疏于监管，那么 PPP 模式运用中又会产生新的问题。

对使用者付费的 PPP 项目的有效监管，可以限制社会资本方牟取暴利，更好地保障使用者的权益；而对于政府付费或者政府承担可行性缺口补贴的 PPP 项目，有效监管有助于控制项目风险，减少政府的财政支出，真正做到减轻政府的财政负担的同时，提供更好的公共产品或服务。

不过，监管是一种专业性很强，并且耗费时间的工作。财政部门作为综合牵头部门，组织对项目进行全生命周期的监管，把握好监管的重点尤为重要。

其一，项目发起、识别阶段。在项目发起、识别阶段，对项目遴选的监管非常重要。当前，全国各地区政府都在大力推广 PPP 模式，但是有些地区对 PPP 的概念和认识还不是很清楚，有些地区把 PPP 当成一种融资模式。由于债务压力大，国发〔2014〕（43 号）文发布后，地方政府很难用以往的融资方式获得资金，迫切需要用 PPP 模式来代替以往政府的融资方式来发展当地经济，所以，地方政府有把什么项目都往 PPP 模式里放的冲动。各地区或行业主管部门上报的 PPP 项目中，存在着不少其实不适合采用 PPP 模式的项目。这就需要在监管中把好"入门关"，挑选出公共利益所必需和急需、同时又适用 PPP 模式的项目，来推广 PPP 模式。

其二，项目采购阶段。在这一阶段，要严格按照《政府采购法》《政府采购竞争性磋商采购方式管理暂行办法》和《政府和社会资本合作项目政府采购管理办法》等法律法规进行项目的合规性监管；此外，还需要对项目进行准入监管，通过物有所值评价（VFM）和政府财政承受能力论证，以剔除不能满足 VFM 和财政承受能力论证的项目。通过确保在项目采购过程中的公开公平公正，使 PPP 项目在项目采购阶段有充分的竞争，从而使政府有机会挑选到"好伙伴"。

在竞争性磋商中，需要政府有关部门主管人员具备相当的专业知识和高度的责任心，合理确定合同条款，最大限度地维护社会公共利益。

其三，项目运营阶段。项目的运营是否达到项目设计和合同约定的标准，是政府付费的重要依据，在项目运营阶段，采取的监管方式有：日常的检查，年度反馈，中期评估，利益相关者的调查等。这一阶段主要是对项目进行绩效监管（包括质量、价格、服务水平和财务等方面的监管）。项目运营阶段的监管一方面要考虑项目运营是否达到既定目标，绩效如何。另一方面，也要检查项目是否存在超额利润，一旦出现超额利润，那么政府部门依据合同，进行调整（如降低服务费），以使公众受益。在项目运营阶段的监管中，为了提高监管的权威性和精确性，可以邀请独立第三方机构参与监管；并且，在监管中还要听取利益相关者（如污水处理厂排水口附近的居民）的意见建议，以获得更全面客观的信息资料，得出更准确的结论。

其四，项目移交后。还需对项目的运行情况进行跟踪监管，对项目资产的质量进行评估。因为一般而言，项目移交后，项目公司还需保障项目在 1 年内的稳定运营，一旦资产出现问题，项目无法运营，那么项目公司仍需承担项目的运营和维护责任。

【III】面临挑战：地方政府亟须自我革新

国学大师王国维在谈到"治学三境界"时，援引了三句诗词：

第一境，昨夜西风凋碧树，独上高楼，望尽天涯路。意为成大事者首先要有执着追求，登高望远，明确目标。

第二境，衣带渐宽终不悔，为伊消得人憔悴。意为成大事者必须坚定不移，废寝忘食，孜孜以求。

第三境，众里寻他千百度，蓦然回首，那人却在，灯火阑珊处。意为成大事者必须专注，反复追寻，自会豁然贯通。

中央层面大力推进 PPP 模式以来，处于债务压力之下的地方政府对此给予了高度关注，同样正在经历"三境界"，从雄心壮志，到刻苦钻研，以期触类旁通。

部分地方暴露出四大问题

地方政府在推进 PPP 过程中，暴露出来了一些问题，值得重视。

(一)政策水平不够

当前，地方政府对 PPP 模式均表现出热情高涨、踊跃参与。实际上，热情的背后潜藏着一个不容忽视的背景：我国经济正进入"三期叠加"发展阶段，经济增速和财政收入增幅下滑，地方政府债务高悬，而未来城镇化又需要巨额资金，部分地方政府面对巨量融资需求、土地财政难以为继、信贷刺激遗患无穷的困境下，急于希望借力 PPP 的融资功能，大肆上马项目、实现超前发展。

这样一来，没有经过物有所值评价、财政承受能力论证等程序，地方政府可能与地方国企或有求于地方政府的其他所有制企业强行"拉郎配"，仓促上马一些可行性不足、回报率不高的 PPP 项目，为将来的运营困难、入不敷出埋下隐患。

PPP 项目上马后，如果通过政府兜底或提高收费的方式来维持运营，则间接地把债务转嫁给了民众，让大家为不合理的 PPP 项目埋单。这样，也就背离了中央政府通过 PPP 来转变政府职能、提升公共服务水平、推进治理能力现代化以及化解存量债务的初衷。

(二)契约精神不强

过去，我国一些地方政府债务压力较大、信用环境较差，招商引资时积极承诺，建好运营后难以兑现约定，尤其是政府换届、重大政策调整时，推诿责任现象时有发生，损害了社会资本合法权益。

在 PPP 模式中，政府与社会资本方是平等的伙伴关系，双方均受合同约束。必须指出的是，政府方对项目实施有监督权利，但这种权利是 PPP 合同赋予的，而不是政府固有的。因此，政府方的监督介入权的行使必须遵循有关合同的约定，不得超出合同框架行事。

(三)市场意识缺乏

政府发起、策划 PPP 项目时必须预测项目产品未来的市场需求，合理评估其收益与成本。在设计确定双方出资比例、收益分配与风险分担等方案时，政府方既要保证项目对社会资本有足够的吸引力，又要避免社会资本方获得不合理的超额利润，从而损害公共利益。这里所说的"不合理的超额利润"是指社会资本获得与其风险承担不匹配的超额回报。因此，政府有关部门必须客观合理地评估项目风险，并对风险定价机制有较深的理解。

此外，在项目采购中与社会资本的谈判、在项目执行与移交中政府方的监督、介入与协商均需要政府方对市场与企业的运作有高度的了解。上述种种均要求政府有关职员具备高度的市场意识和专业知识。

(四)实操经验不足

作为 PPP 多种形式之一的 BOT 模式，我国已有长期而广泛的实践。但在开展 PPP 项目运作时，如何进行物有所值评价、财政承受能力论证，如何设计风险分担与收益分配条款，当前仍然缺乏实际的操作标准，大部分地方政府胸无成竹。

尤其是当 PPP 模式从大家相对熟悉的基于"使用者付费"的项目，延展到需要政府按可用性支付或可行性缺口付费的项目时，不少地方政府既缺乏系统认识，又无实操经验，显得无从下手。

此外，不少地方政府在不同角色扮演上缺乏经验：

作为合作者，政府在与社会资本进行 PPP 项目运作时，缺乏项目管理经验。

作为监管者，政府要建立"动态调整机制"，在项目全生命周期内，根据项目运营情况、公众满意度等，定期对价格、补贴等进行调整，但实际上政府仍缺乏相应的监管经验。

政府护航还需自我革新

当前 PPP 项目呈现出冷热不均的局面，一边是政府部门的大力推广，一边是社会资本的犹豫和观望。据 2015 年 4 月份最新的数据统计，当前全国各地推出的 PPP 项目的签约率不到 20%。

社会资本最大的担心就是在 PPP 模式的长期运营中，面对强势的政府，其利益无法得到有效保障。因此，为做好 PPP 项目的推广工作，为公众提供更多更好的服务，政府还需要履行好自身职责，做到遵守合同，尊重契约精神，为社会资本保驾护航。

加强制度保障。在制度建设上，还需要不断完善和推进。把当前政府发布的政策文件综合起来，并研究制定关于 PPP 模式的相关法律，使其有上位法做保障。在操作上，PPP 主管部门还需从顶层设计上出台物有所值评价指引，风险争议争端处理方式等一系列的规范性文件。

强化契约精神。在思维转变上，政府部门一定要转变思维，"政府有权不可任性"，严格遵守合同；在政府违约事件出现时，应有对政府违约的相应惩罚机制，并有强力的部门做支持，确保政府履约。

培养市场意识。市场的主要机制是价格和竞争，因此政府部门要深入市场，并对市场价格有充分的了解。同时，一些PPP 项目应有充分的竞争，这样才能确定社会资本的合理利润率，也能使政府找到全生命周期中价格最优的合作伙伴。

提高实操技能。PPP 项目的评估和开展有较强的专业性，因此，在开展 PPP 项目前期，就需做好对 PPP 项目相关政府部门的培训工作，掌握好 PPP 模式所需的相关技能；在前期论证阶段，政府可以适当引入 PPP 咨询机构或者专家团队，为政府方提供决策咨询和建议，同时也不断提高自身的专业技能。总结和学习经验。全国各省市都可能开展过 BOT、TOT 等项目，所以可以建立项目资料库，通过相互借鉴，相互探讨，共享经历和经验。同时在开展 PPP 项目的过程中，还需不断学习国内外的经验，总结运营过程中的问题和挑战，以提高 PPP 的实操技能，调整和完善 PPP 模式。

可供借鉴的他山之石

在建筑设计领域，路德维希·密斯·凡德罗可谓泰山北斗。

他是德国人，世界上最著名的现代主义建筑大师之一，被喻为"钢铁和玻璃建筑结构之父"。1929年，他为西班牙巴塞罗那国际博览会建设德国馆，5个月后，博览会结束，该馆依惯例被拆除。但25年后，这一建筑设计杰作，又在巴塞罗那重建。

作为建筑师，他常常被人问及成功的秘诀。他的回答只有一句：细节是魔鬼。

从经济社会发展历史来看，PPP模式出现的时间并不长。我国第一个由国家批准的PPP项目——广西来宾电厂B厂，按照18年特许经营协议，今年才算是全生命周期结束。

PPP项目利益相关方诉求的复杂、社会经济发展带来的各种不可预见性，尽管可能只是"亚马逊雨林中一只蝴蝶偶尔震动翅膀"，置于漫长的全生命周期中，也可能"引发德克萨斯州的一场飓风"。

本章中选取的案例，有国际国内的，有湖南的；有已经移交的，有新近启动的；更重要的是，有成功的，也有失败的。每一个案例，都是一本教科书，成功和失败都一定有其内在逻辑。

要掌控这个逻辑，只有五个字：细节是魔鬼。

【I】法国西班牙跨国铁路

1995 年，经过历时 3 年的谈判，欧盟各国达成协议，决定在欧洲铁路联接网建设中引入 PPP 模式。

在协议的推动下，2004 年，法国政府和西班牙政府依据国际铁路联盟标准，建设了一条从法国佩皮尼昂到西班牙菲格拉斯的跨国铁路。

铁路全长 44.4 公里，途中设立 5 座大桥和一条长达 8 公里的隧道，其中在西班牙境内长 19.8 公里，法国境内长 24.6 公里，通过两条普通单行线并入法国铁路网。

这条铁路在法国和西班牙铁路系统中起到了重要的连接作用，有效缩短了西班牙与法国的货运、客运时间，提高了运输效率。

一、项目概况

（一）项目融资

法西跨国铁路，由法国埃法日集团（Eiffage）和西班牙 ACS 集团共同发起，两家公司各占 50%股份。

项目总投资 10 亿欧元，其中 32%用于隧道修建。

项目建设过程中得到法国、西班牙和欧盟共 5.4 亿欧元补助，补助分为 10 次支付，每半年支付一次。

社会资本方为项目提供银行担保，获得多份银团提供的贷款，总计 5.3 亿欧元。

(二)特许权协议

这一项目于 2004 年签订特许经营合同，并依照欧洲经济共同体指令 93/97（EEC Directive 93/97）顺利完成合同签订。

项目特许经营期为 50 年，经营期结束后移交给两国政府。

项目合同严格规定社会资本方的维护责任及维护效率，如不合格，将面临政府罚款。

项目必须在合同签订后的 5 年内完成建设，融资方案则要在合同签订后的 12 个月内到位。

项目公司的收入来源于两国的国营铁路运营公司，车辆通过本项目线路需向项目公司付费。

项目的收费模式在特许权协议中已经规定，在运营的前三年，必须以低廉的线路使用费来吸引客户，以便培育运量，增加后期营业收入。

(三)实施状况

项目中政府部门主要负责项目设计，社会资本方负责项目的建设和融资。

在特许经营期内，铁路由社会资本方负责运营。项目公司承担运营与管理的全部风险，包括维护、服务、安全等。

项目在运营过程中，由于巴塞罗那—菲格拉斯铁路延迟完工，造成项目客/货流量未能达到预期，使项目公司收益降低。根据特许权协议，西班牙政府给予相应的补偿，包括特许期延长 3 年，在 2012 年之前分期拨付补偿金 1.08 亿欧元。

二、项目分析

在法西铁路项目中，运营风险主要由社会资本方承担。政府和社会资本双方均采取了一系列措施，努力降低项目风险。

这些措施包括：从融资角度来看，政府给予大量补贴，占到建设成本 57%；社会资本方也为项目提供银行担保等资金支持；在预测铁路客运量时，虽然社会资本方有意最大限度增加铁路客运量，但法国、西班牙两国政府基于客观因素给出了比较准确的预测结果。

综合分析来看，法西铁路的成功运行实施，最重要的因素是两国政府和欧盟的支持。因为，该项目涉及两个国家，一旦某一方的政府不支持或不配合，项目就会失败。

两国政府的合作态度，体现在项目进行的每一个环节：

招标过程中，两国政府共同制定了统一、有效、可执行的招标程序，使得项目招标顺利进行，保证选取合适的社会资本投资方及分包商；两国政府共同成立跨政府工作委员会对招标过程进行监管，保证招标过程的公开、公平、透明，充分发挥政府的监管作用。

项目审批中，两国政府在政策、审批等方面都对项目提供支持，以积极的态度解决项目在用地、审批等方面存在的问题，协调相关部门为该项目的建设提供帮助从而保证项目的顺利进行。

建设过程中，两国政府对项目的施工进行监管，保证项目按质按量建成。

在这个案例中，政府积极进行项目准备与设计，对项目进行大力扶持和有效监管，为控制项目风险奠定了基础、作出了有力保障。

三、项目启示

在中国推广 PPP 模式，一定要准确定位政府职责，保证社会资本提供高质高效的基础设施和公共服务，保证 PPP 模式的优点得到充分发挥。

在我国推行 PPP 模式，政府具有多重角色。首先，政府作为项目发起者，必须对项目的建设进行规划和安排，协调好社会资本方与政府方的关系。其次，作为项目的投资者之一，必须按照合同规定，主动承担相应风险。政府方作为项目最终的所有者，发挥政府作用，联系相关部门，为项目工程建设提供政策、技术等方面的指导和帮助。特别是进行跨国合作时，涉及不同国家的法律、政策，需要政府出面进行协调和磋商，两国政府的态度一致才能减少跨国合作项目的阻碍。

在我国制定"一带一路"发展战略之后，将会存在大量跨区域的通道建设，包括国家之间、地区之间的通道建设。该案例的成功实施能够为我国"一带一路"建设提供宝贵的经验。

【II】英国 Derant Valley 医院

Derant Valley 医院项目，是英国 PFI 标志性项目。

随着老龄化趋势加剧，英国达特福德每年有近 20 万病人需要护理，当地医院已无法完成这一工作。1995 年，达特福德和格雷夫斯国家卫生部信托基金（DGNHST）考虑新建一座先进的、设施完备的医院来提供更好的医疗服务。

基金会（DGNHST）随即开展可行性研究，明确指出 PFI 模式是适合当地医院建设的方案。

项目主要目标是建设一个拥有现代化医疗设施的医院，为公众提供所需的医疗服务。

项目采用了限制性招标方式，邀请有兴趣的部分投标人参与资格预审。经过 6 个月的评估和审核，最终由科瑞林（Carillion）建设公司和科瑞林服务公司组成的联营体德莱斯有限公司（Dareath Ltd）中标。

一、项目概况

（一）项目融资

该项目总投资 1.15 亿英镑，主要的资金筹措方式包括：贷款和资本金，然后通过 ABS 进行再融资。

项目公司筹集了项目所需资金的绝大部分，其中无追索贷款和资本金的比例约为 88:12（即 1.01 亿英镑的长期贷款和

1400 万英镑资本金)。

随后,放贷方认识到项目公司存在不能还本付息的风险,要求项目公司股东以资本金的形式投入资金,承担风险。

2001 年,Derant Valley 医院的项目公司将 800 万英镑的高级债务转换为债券进行再融资,减少还债负担,从而使项目公司能更好地管理债务和改善现金流。

(二)特许权协议

项目的融资、建造和运营由私营部门负责,医疗服务则由公共部门负责。

在运营和维护合同期满时,项目设施将移交给公共部门,公共部门有权决定如何管理该资产。

德莱斯有限公司负责 Derant Valley 医院的设计、建造、融资和运营。其中,科瑞林建设公司负责新医院的设计和建设,而科瑞林服务公司及其分包商负责提供相关的服务。

项目建成后,基金会 (DGNHST) 向德莱斯有限公司租用医院建筑,购买配套服务,如餐饮、保洁和保安服务。

国家卫生部 (NHS) 从公共部门聘用医生和辅助医务人员提供医疗服务。

该医院共雇佣 1500 名医生和辅助医务人员,签订了 28 年运营和服务合同。

(三)实施状况

该项目的主要风险是工期延长和成本超支、环境问题、设计缺陷等。

医院项目在制定计划时需充分考虑社区医疗服务需求以及需求变动的风险。因为 PPP 项目是将建造、运营、维护结合在一起，所有成本须通过项目收益来支付，因此项目收益的增加必须能够支付额外的开支。

在 Derant Valley 医院项目中，项目产生的收益主要来自 DGNHST 的预算。因此，从长期而言，如果项目需求超过预测，项目公司可能面临收益支付延迟。运营公司可能会面临运营成本增大的风险，如运营阶段劳动力、能源和物价成本。项目公司还会面临因医护人员减少而不能提供标准服务的风险，从而造成所获收益的减少。

该项目的融资完成时间为 1997 年 7 月 30 日，项目于 1997 年 9 月开始建设，于 2000 年 9 月 11 日投入运营。2001 年进行再融资，改善现金流，管理债务。2003 年 11 月，项目公司将医院特许权中的 410 万英镑的资本金出售给英国巴克莱基础设施基金公司。

二、项目分析

英国拥有体系完整、机构齐全、法规完善、规范化的运作模式指南和标准合同。

政府有多个相关部门负责管理，如国家审计署、商业办公室、PUK（Partnership UK，政府部门占 49%股份）等，对 PPP 模式的发展进行指导、咨询和监管。

在医疗卫生领域，卫生部发布大量的指南、报告，制定有效、便捷且完善的措施来推动 PPP 在医疗卫生领域的发展。

私营部门只负责项目的融资、建设和非核心服务，由政府方负责提供核心的医疗服务，这样的好处是分工明确，双方能充分发挥各自优势，卫生部门能摆脱后勤服务的制约，专心致力于提供医疗服务，但缺点是不能促进医疗服务提供的竞争，不能有效改善医疗服务的质量和效率。

在 PPP 模式下，建造、运营风险分担给私营联合体，私营部门根据已有的经验和管理技能，对医院项目进行管理，有效处理了各阶段存在的问题，保证项目的按时建成。

三、项目启示

我国医疗卫生领域推广 PPP 模式，可以借鉴英国经验：

在系统内部设立相关的 PPP 机构，负责系统内 PPP 项目的指导、规范、培训、咨询、标准化、监管、评估等工作；

根据不同类型、特点、级别的医疗卫生机构项目需求，采取不同的、富有针对性的具体操作模式；

合理分配风险。政府方应该根据自己的风险承受能力及处理风险、规避风险的能力承担相应的风险，如专业化的医疗服务；社会资本方应该充分利用自己在经营、管理、建设等方面的经验和能力，承担运营风险。

重视对医院 PPP 项目的后评估和经验总结，主管部门和第三方要经常性针对卫生医疗服务进行评估和检查，及时发现问题并解决问题。

PPP 项目一般长达 20–30 年，要保证项目在整个特许经营期的成功，不仅要重视前期工作，更应该保持项目的监管、定期评估和经验总结。

此外，英国 Derant Valley 医院给我们的经验教训是：在特许协议中应该对股权转让进行明确的限制，避免 PPP 项目股权的随意转让，影响医院的运营；对 PPP 项目的收益水平进行规范，从而既能保证社会资本的收益，又能避免社会资本牟取暴利。

【III】 福建泉州刺桐大桥

福建泉州市政府为解决市内塞车和过桥困难，决定投资新建一座跨江大桥——刺桐大桥。该桥被列入省重点建设项目。由于政府建设资金紧张，引进社会资本。

该桥横跨晋江，全长 1530 米，宽 27 米，匝道 2400 米，主桥型为连续钢架预应力桥，全桥双向 6 车道。

总投资 2.5 亿人民币，1995 年 5 月 18 日正式开工，1996 年 11 月 18 日竣工试通车，工期长 18 个月，比计划工期提前一年半。

刺桐大桥以少量的国有资金引导国内民间资金投入基础设施建设，是我国典型的 PPP 案例。

一、项目概况

(一)项目融资

项目公司——刺桐大桥投资开发有限公司，由名流实业股份有限公司（民营企业）和省市政府授权投资的三家国有企业（福建省交通建设投资有限公司，福建省公路开发总公司和泉州路桥建设开发总公司）按 6:4 的比例组成投资实体，负责在特许经营期 30 年内的大桥建设和经营管理。

项目投资者组成董事会，负责项目的建设、资本注入、生产预算的审批和经营管理等一系列重大决策，具有最高管理决策权。董事会拥有成员 7 名，名额按出资比例分配，名流实业占 4 位。

图 6-1 泉州刺桐大桥投资结构和管理机构

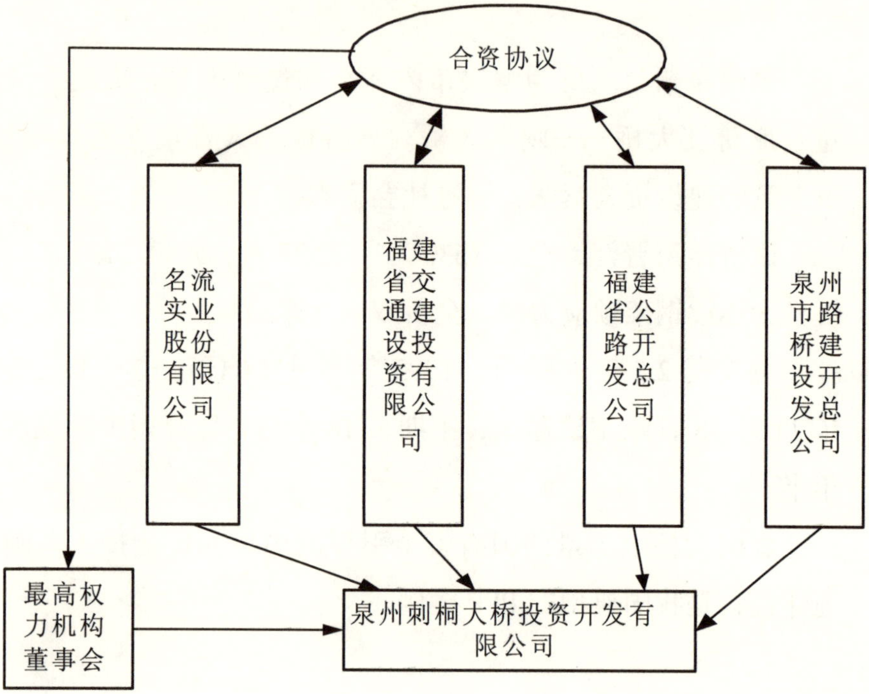

刺桐大桥的资金结构包括股本资金和债务资金两种形式。在大桥总投资的 2.5 亿元人民币中，名流公司投入 1.56 亿元，其中自有资金 3600 万元，从银行贷款 1.2 亿元，偿还期为 5~8 年。

大桥运营后的收入，根据与贷款银行之间的现金流量管理协议，进入贷款银行监控账户，先支付工程正常运行所发生的资本开支、管理费用，然后按计划偿还债务，盈余资金按投资比例进行分配。

图 6-2 刺桐大桥融资模式

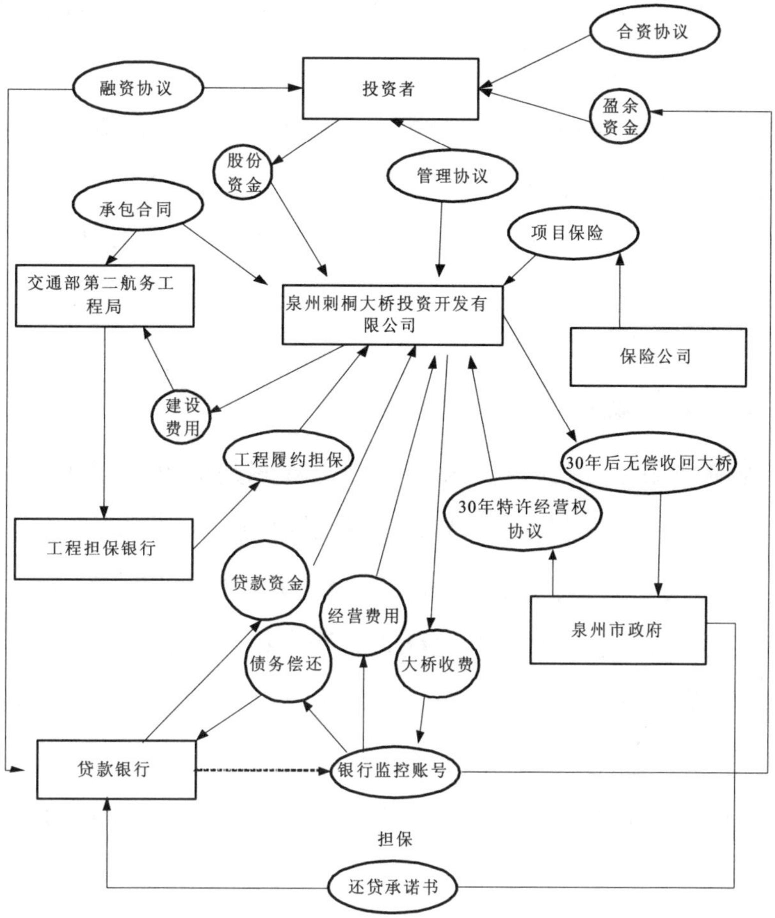

(二)特许权协议

泉州市政府是刺桐大桥项目发起人和特许权合约结束后的拥有者。

特许权合约的主要内容包括:

批准刺桐大桥投资开发有限公司建设开发和经营刺桐大桥,给予建设用地许可;

允许项目公司进行附属公路(南接线公路,长 2.3 公里)的开发和经营以及征地许可；

项目公司根据与市政府的协议制定的收费方式及收费标准对大桥使用者进行收费；

泉州市财政局出具《泉州刺桐大桥工程还贷承诺书》；

特许合约期为 30 年（含建设期），在特许权协议终止时，政府将无偿收回大桥及附属公路，项目公司必须保证在项目移交时大桥的运营状况良好。

二、项目分析

刺桐大桥是我国较早采用 PPP 模式修建的基础设施之一。

这一项目在建设运营初期，进展很顺利。但是，在运营管理阶段出现了一些问题，比如经营权和收益缺乏保障。

刺桐大桥属于使用者付费的收费大桥。根据 2004 年国务院颁发的《收费公路管理条例》的规定："收费公路权益包括收费权、广告经营权、服务设施经营权。"

但是，项目公司的广告经营权、服务设施经营权没有得到很好的保障。投资方在大桥两侧管辖范围内设立的广告牌被市政府拆除，投资方提交的广告经营权、配套服务设施经营权申请，也没有得到政府相关部门批复和回应。

政府的契约精神不强，也影响了刺桐大桥项目的发展。

地方政府领导对于 PPP 模式的态度和认识有差别。新一届领导上任后，不认同 PPP 模式，转让政府方持有的股份，直接影响项目的持续贷款。

特许合约中没有对收费机制和调整机制进行详细规定，因此，项目公司只能按照最初的收费标准进行收费，但是，人工成本、生产要素成本，以及管理成本在不断上升。

三、项目启示

刺桐大桥案例是一个"喜忧参半"的案例，该案例对社会资本方提供的经验教训比较明显：

在前期调研时，对可行性研究一定要充分，要对目前的经济状况及今后中国的经济发展形势进行准确预测，在不能确定经济形势的变化趋势时，应订立恰当的调整、谈判条款，以确保未来可通过再谈判约定服务价格，以保障收益。

在签署合同时，应充分考虑政府政策的发展变化，并对政府部门提出相关要求，以便在政策制定和变化时不受政策变化的影响。

对服务价格的确定直接影响到今后的收益，在确定服务价格时不光要考虑当前经济社会的发展水平，还要考虑今后的社会需求。对服务价格必须确定合理的定价机制，充分考虑影响服务价格的各种因素，并在价格确定机制中反映。同时还应该在合同条款中明确规定定价机制和价格调整机制，以降低政府违约风险出现的可能性。

其次，要实现 PPP 模式在中国的顺利推广，各级政府部门必须加强对 PPP 模式的认识和了解，从本质上了解 PPP 模式；充分掌握 PPP 模式的内涵，认清政府在 PPP 模式中的作用。

再次，政府必须严格遵循合同条款，强化契约精神。严格按照合同条款进行 PPP 模式的运营、监管。不能以行政命令代替合同条款，干预 PPP 项目的运作；不能因为政府领导者的变更导致对 PPP 项目的忽视。

【Ⅳ】 北京地铁 14 号线

2014 年 12 月 28 日，北京地铁 14 号线东段（金台路站至善各庄站）开通。如果全部建成，14 号线将是北京市轨道交通路网中一条超长 L 型线路，全长 47.3 公里，共设 37 座车站。全线开通后将承担起从北京西南到东北的交通运输功能，线路途经交通枢纽、大型商务区以及多个大型居住区，加强中心城区与边缘居住区的衔接，方便沿线居民的出行。

北京地铁 14 号线采用 PPP 模式引入了社会投资者，市场化引资规模为 150 亿元。

一、项目概况

（一）项目融资

14 号线按投资主体责任将工程实体划分为 A、B 两个部分。A 部分由政府方负责投资建设，主要包括洞体、车站等土建工程及项目征地拆迁等内容；B 部分由社会投资者负责，主要包括车辆、通信、信号等内容。通过工程划分和接口协调机制设置，明确了政府和社会投资者各自的投资范围和责任。

14 号线由北京京港地铁有限公司负责运营管理。北京京港地铁有限公司（简称"京港地铁"）是国内城市轨道交通领域首个引入外资的合作经营企业。于 2006 年 1 月 16 日成立，由北京市基础设施投资有限公司出资 2%，北京首都创业集团有限公司和香港铁路有限公司各出资 49% 组建。

(二)特许权协议

社会投资者在建设期内负责 14 号线 B 部分工程的投资建设任务，并在 30 年的特许经营期内负责 14 号线的运营和管理，在特许经营期结束后，京港地铁公司将项目设施完好、无偿移交给市政府。京港地铁公司通过特许经营期间的客运票款收入、授权范围内的非票务业务经营收入、政府补贴等 3 种方式实现投资回收并获得合理回报。

对于政府负责投资的 A 部分项目资产，则在建成后以租赁方式提供特许公司使用和负责管理维护；考虑到北京市地铁客运票价现状，年基本租金较原 4 号线下调为象征性的每年 1 万元，减少特许公司经营期负担。

(三) 运营现状

北京市地铁自 2007 年开始一直实行 2 元/人次的单一票制票价政策。2014 年 11 月，北京市调整公共交通价格，自 2014 年 12 月 28 日起，调整北京市城市公共电汽车及轨道交通价格标准，实行计程票制，全路网平均人次票价水平也适度提高。

2014 年 12 月 28 日，北京地铁 14 号线东段（金台路站至善各庄站）开通。2013 年 5 月 5 日西段从张郭庄站至西局站正式开通运营。截至 2015 年 4 月，14 号线中段 12 座车站的主体结构已全部完成，附属结构建设也已完成 75%，预计 6 月底将实现轨道全线贯通。

二、项目分析

北京地铁 14 号线采用 PPP 模式，通过政府和社会资本的合作，调动社会资本参与基础设施建设的积极性，优化了资源配置。

2012 年 7 月北京地铁 14 号线进入招商环节，此时 14 号线已进入建设阶段，大部分设备设施已完成招标，为保证预期引入的社会资本达到一定的规模，按照项目投资责任的划分设立投资控制机制即"多退少补"。明确 150 亿元的引资目标，工程竣工后以不超过批准概算为原则进行实际投资审计。有利于引导社会投资者重视对项目的足额投资。特许协议也规定因工程优化而减少投资时政府和社会资本双方的利益分享机制，有利于促进政府和社会投资者积极开展工程设计的沟通配合，以节约投资。

北京地铁 14 号线以工程划分方式明确了政府和社会资本分别承担的投资责任，并以实现社会资本基本收益预期的"约定票价"作为主要竞争谈判内容，构建了引入社会资本的可行性。政府和社会资本合作强调项目风险公平分担。14 号线项目对投资控制、客流预测、路网票制票价变化、物价变动等风险因素影响进行了全面梳理分析，按利益和风险对等原则设置相应风险处理方法；以客流预测为基础对项目可能出现的超额客流收入设置了政府和社会资本的分成共享机制，促进 PPP 项目公司不断提高项目服务水平。

总体而言，北京地铁 14 号线项目 PPP 模式较好体现了政府和社会资本风险共担、利益共享、公共利益优先的合作原则。

三、项目启示

引入优秀企业参与城市基础项目，能够利用企业的技术优势和经营理念，改进项目的建设效率和营业利润。在基建项目的公益性和盈利性之间，需要选择适度的平衡，既要能达到基建项目的基本目的，又不能损害社会资本参与的积极性。

PPP 模式实践中，可以将项目的不同部分区分为经营性与非经营性，并决定不同部分的投资主体、运作模式、资金渠道及权益归属等。非经营项目，投资主体由政府财政承担；经营性项目，可交由社会资本投资。

可针对具体项目设立奖励措施，以激励社会资本发挥最大优势进行基础设施建设，降低成本，节约资源，实现效益最大化。

公平分配项目的风险和收益。风险与收益的分配应该是对等的，高风险高收益。收益应该按照承担的风险和责任进行合理划分，促使社会资本和政府加大对基础设施建设的投入。

【Ⅴ】广西来宾电厂B厂

1988 年，广西来宾电厂 B 厂被批准以内资项目立项建设，后来，由于后续建设资金得不到解决，1993 年底，该项目被调整为中外合资项目。

1995 年初，广西壮族自治区政府经过反复研究分析，决定引入国际金融资本进行建设，尽快投产发电。当年 5 月，国家有关部委正式批准该项目采用 BOT 方式。

广西来宾电厂 B 厂距离来宾县城 8 公里，装机规模 72 万千瓦，安装两台 36 万千瓦的进口燃煤发电机组。

电厂处在广西电网中心，也是广西电网中最大的火电厂，它的建成，对提高广西电网安全稳定水平，提高整个南方电网的运行可靠性具有重要意义。

项目合同范围包括：承包商公司负责工程的投资、设计、采购、交货、土建、安装调试、验收、联网、运营维护及特许期满后的移交。

为了保证工程及时开工建设，施工前期工作由广西壮族自治区政府负责，包括公用水、施工用电、施工道路、施工通讯和建设场地的平整。

一、项目概况

（一）项目融资

项目总投资 6.16 亿美元，其中，发起人股本投资为 1.54 亿美元（法国电力国际占 60%，通用电气·阿尔斯通占 40%），占 25%，其余 75% 来自 19 家银行组成的银团贷款，牵头银行是东方汇理银行、汇丰银行和巴克莱银行。

法国出口信贷机构——法国对外贸易保险公司对贷款中的 3.12 亿美元提供出口信贷保险。

项目公司——广西来宾法资发电有限公司，由项目发起人法国电力公司、通用电气·阿尔斯通公司合资组成。

项目公司负责项目的融资、建设、运营、维护与移交工作。

表 6-1 来宾电厂 B 厂项目投资结构

投资		方式
总投资 6.16 亿美元	股东投资 1.54 亿美元	法国电力国际出资 60%
		通用电气·阿尔斯通出资 40%
	项目融资 4.62 亿美元	项目贷款由法国东方汇理银行、英国汇丰投资银行及英国巴克莱银行等银行组成的银团承担

（二）特许权协议

项目特许期为 18 年，其中建设期预计 2 年 9 个月，运营期为 15 年 3 个月。1999 年 4 月第一台机组发电，特许期满后，项目公司将电厂无偿移交给广西壮族自治区政府。项目公司承担电厂移交后 1 年内的质量保证义务。

广西电力公司每年负责向项目公司购买 35 亿千瓦时的最低输出电量，机组每年满负荷运行利用小时约 5100 小时（包括厂用电在内），并送入广西壮族自治区电网，广西电力公司负责销售。

广西电网公司购买项目公司电量，应当支付的电费由燃料电费和运营电费两部分构成：

①燃料电费。由广西壮族自治区物价局根据当年市场燃料价格情况，每年计算核定一次燃料电价，以此为依据计算燃料电费，支付给燃料供应公司的燃料成本支出。

②运营电费。该电费为投资方的收入，根据协议规定每年按协议附表执行。即从第一年的 0.14 元/千瓦时，逐年递增到第 9 年的 0.372 元/千瓦时，直到第 15 年均维持此价格不变。

（三）项目实施现状

在项目的运营管理阶段，项目公司运用先进的技术和成熟的管理经验管理电厂。其间电厂的发电量大部分保持在 35 亿千瓦时以上，保证项目公司的运营收入。

表6-2 来宾电厂电量统计表（单位：亿千瓦时）

年份	2002	2003	2004	2005	2006	2007	2008	2009	2010	2011	2012	2013
年电量	35	41	46	39	38	34	37	39	32	42	42	41

至 2015 年，特许经营期已满，广西投资集团公司已经正式启动对该项目的接收工作。在接收工作领导小组第一次会议上，研究和议定了接收工作的人员、机构设置、工作方案等。

二、项目分析

广西来宾电厂 B 厂项目是我国第一个经国家批准的 BOT 试点项目，也是我国 BOT 试点项目第一次运用项目招投标模式选拔外资投资人。

这一项目的实施，积极吸引外资参与我国 BOT 项目融资，拓展了资金筹措渠道。同时，采用联合体的方式，提升了竞争力。

项目的招投标模式具有公正、实惠、便捷的优点。该模式给予全部招投标参与者公平竞争的权利，自治区政府从中选择经济实力最强、报价最合理的佼佼者，做到优中选优；整个招投标过程透明、公平，有效预防黑幕与暗箱操作；整个招投标过程有条不紊、合理紧凑，减少项目前期工作的时间与费用，节约项目成本。

但是，这一项目在谈判过程中，地方政府做出的承诺和让步太多，在特定时期、特定条件下给国家造成了损失。比如，当地政府承诺每年至少购买35亿千瓦时的电量，以确保外资能获得收益。地方政府履行了承诺，然而，有些时期，广西向邻近省份购电的价格，比该项目的发电价格还低。

项目招标文件规定，上网电价水平、结构及走势占评标分数的60%。即在技术、法律、商务、融资等方面满足招标文件的前提下，引进竞争机制，让投标人就上网电价进行竞争。广西壮族自治区政府改变了以往外商投资电厂谈判中先谈回报率，并由投资成本加一定回报率确定上网电价的做法。

在项目建设和经营过程中，如果项目公司加强科学管理，降低投资成本和经营成本，则可获得比预期还高的回报率，否则会达不到预期的回报率，较好地体现了谁投资，谁受益，谁承担风险的原则。

三、项目启示

地方政府在进行项目谈判时，对社会资本的合理合法要求可以做出一定让步，在法律允许范围内给予一定优惠政策。但是，要切实做好可行性研究，防范风险和损失。在这个案例中，地方政府对项目收益进行可行性研究时，过于保守。因此，在进行谈判时，只对项目的最低收入下限进行了考虑，没有预计到随着经济社会发展收益可能会极大提高。因此，项目合同中，地方政府要切实考虑好利益共享条款。

在项目特许权协议的谈判中，要注意对细节问题的思考，以避免不必要的损失。项目投资者没有充分考虑到项目施工的难度及工期等细节问题，项目建设期的规定草率，酿成巨大的损失。提醒项目投资者在参与谈判的过程中，考虑问题要面面俱到、小心谨慎。因为PPP项目运作的时间一般都很长，一定会遇到各种项目风险或者突发事件，因此在项目特许权协议的谈判中就要充分考虑各种细节问题，善于发现、纠正不正确或不合理的协议条款，防范于未然。

采用联合体的方式，提升竞争力。采用PPP模式的项目大多数都是投资总额巨大、技术结构复杂、工期漫长的公共基础设施项目。两家或者两家以上的企业组成联合体，"强强联合"参与项目建设。采用联合体的方式不仅能够壮大投资者的实力，而且使投资者之间实现互补，相得益彰。

【VI】湘潭九华污水处理厂

湘潭九华污水处理厂项目是全国首批 30 个 PPP 示范项目之一。

该项目位于湘潭经济技术开发区内。污水处理范围是湘潭经济技术开发区北片共计 49 平方公里的地域。

该厂设计规模为 10 万吨/天,分两期建设。其中,一期工程规模为 5 万吨/天,远期扩建可达到设计规模的 10 万吨/天。

项目采用半地埋式设计,即把污水处理厂的预处理、生化池等主要构筑物埋设到地下,控制噪音和臭气,美化环境,地上建设成绿地公园。

一、项目概况

(一)项目融资

项目总投资 2.99 亿元。项目公司于 2012 年 6 月组建,股东 3 家,其中:国中水务有限公司出资 9096 万元,占股 75.8%;湘潭九华经济建设投资有限公司出资 2184 万元,占股 18.2%;湘潭市污水处理有限公司出资 720 万元,占股 6%。

(二)收益分配

该项目按照 PPP 项目风险分配的原则,确定投资回报和利益分配原则。

这一原则主要体现在对污水处理量的计算实行"托底"。即确定基本水量，如果污水处理厂进水量未达到上述基本水量的规模，则按照基本水量和污水处理服务单价，向项目公司支付污水处理费。如果污水进水量超过基本数量，则按照实际处理量支付污水处理费。

合同约定，在运营达标前，政府部门和项目公司之间对污水处理服务单价实行"暂定水价"，待进入正常运营后，再根据实际运营成本调整服务单价。双方再就此对污水处理费多退少补。

项目公司每6年对社会投资人的实际收益率水平进行核算，该6年的平均资本金净利润率，不应超过合同签订日执行的中国人民银行一年期贷款基准利率3倍。

（三）实施现状

该项目于2011年9月5日立项。2012年3月设立项目公司，之后，湘潭经开区管委会与项目公司签署《项目特许经营合同》。2013年6月，项目可研获得省发改委批复，2013年10月工程开工；预计2015年底完工投入运行。

根据项目建设确定融资计划，已向中国工商银行申请贷款额度1.6亿元，已放款1.2亿元。

截至2015年4月，项目建设基本完成，设备安装完毕，准备调试。面临的主要困难和问题是：外围污水管网还未完善，进水量不足。

二、 项目分析

这一项目是国家级示范项目，也是湖南省级示范项目，其成功实施和完成，对我国推广PPP模式具有指导意义。

该项目采用PPP模式发挥了社会资本的优势，降低了建设成本、提高了工程效率，在规定期限内完成了基础建设工作。同时，政府与社会资本合作，引进了先进的管理运营经验，能有效保证项目的正常运营。各级政府对该项目的支持有利于项目的融资，降低项目的融资风险，保证项目的建设资金，是项目基础设施建设按期完成的重要因素之一。

三、项目启示

就目前该厂的发展现状看，其建设成功主要经验包括：

(一)程序合法,操作规范

该项目选择项目合作伙伴和社会投资人的程序合法、规范。PPP协议内容由政府和社会资本双方共同委托专业咨询公司进行编写，条款公平公正，兼顾双方利益。暂定水价的测算是委托独立第三方专业机构进行，价格的确定，结合了当前水价和行业发展趋势。

(二)风险共担,利益共享

项目公司各股东参与日常经营管理，各股东按照出资比例享有相应收益，同时承担对应的风险。根据社会资本和公共部门的特性和能力各自承担相应的风险，政府部门对政策风险具有较好的管控能力和处理能力，承担政策风险；社会资本对经营、管理有经验，承担财务风险、经营风险；对于不可抗力的风险，政府和社会资本无法预料和控制的风险，由政府承担。

(三)政府方股东的稳固地位

通过协议约定，确保了政府的控制权，在涉及民生、环保等重大事项上，政府股东享有一票否决权。因此，政府在整个项目实施过程中，能够进行有效监管，以保证公共服务质量。政府从公共服务的直接提供者转变为购买者和监管者，能促使政府的监管更加科学化、规范化、制度化，提高了公共服务质量。

【Ⅶ】长沙磁浮项目

长沙磁浮工程位于长沙市雨花区和长沙县境内,运行线路由长沙南站至黄花机场,设计时速 100 公里,总投资 41.95 亿元。

工程线路自长沙火车南站东广场北侧引出,沿劳动路至黄兴大道交叉转向劳动路,随即下穿沪昆客专后,线路沿黄兴大道并上跨黄兴大道,沿机场高速公路南侧走行,接入长沙黄花国际机场 T1、T2 航站楼,线路全线长 18.52 公里。全线设三个车站,分别是火车南站、榔梨站和黄花机场站。车辆采用中低速磁浮列车,每列定员 307 人。

这是我国第一条具有自主知识产权的中低速磁浮交通线。

一、项目概况

经湖南省政府批准,通过竞争性比选,确定由长沙市轨道集团公司(代表长沙市政府)、湘铁集团(代表省政府)、南车株机公司、湖南机场股份有限公司、中国铁建股份有限公司,共同组建湖南磁浮交通发展股份有限公司,采用 PPP 模式负责长沙市中低速磁悬浮轨道交通工程的投资建设与运营。

项目公司注册资本金 12.8 亿元,其中,长沙市轨道交通集团有限公司出资 4.2 亿元(32.8%)、省铁路投资集团有限公司出资 3.8 亿元(29.7%)、湖南机场股份有限公司出资 1 亿元

（7.8%）；社会资本中国铁建股份有限公司出资2.8亿（21.9%）、南车株洲电力机车有限公司出资1亿元（7.8%）。

二、项目分析

从项目目前推进情况看，主要有三大优势：

（一）缓解筹资压力，拓宽融资渠道

在长沙磁浮项目工程的建设期内，社会资本承担项目的融资，改善了项目的负债结构，缓解了政府对基础设施投入的财政压力，拓宽了项目资金来源渠道。

（二）引入市场竞争，优化管理体系

在项目实施前期，政府与社会资本对项目建设过程中可能遇到的风险，进行了全面预测，并对项目成本进行合理分析，对项目的融资可能性进行评估。同时，采取了积极措施改善项目发展环境，提出了合理有效的风险分配方案和利益共享机制。

（三）提升服务质量，实现持续发展

长沙磁浮项目改变了传统的招标模式，而采用PPP模式，使得项目由政府主导转变为市场化运营，充分发挥市场资源配置作用，提高社会资本积极性，提供高效的基础设施服务。此外，在政府、市场和社会公众的多重监督下，创建了公平、合理、平等的公共服务环境。

三、项目启示

基础设施项目采用PPP模式，社会投资方分担建设投资，将大幅减少政府投资额，改善该项目的负债结构，使基础项目建设融资渠道由单一的借助政府信用支持下的银行贷款，向利用项目自身的未来收益通过资本运作进行的内源融资的转变。

注重项目前期评估，对项目融资可能性进行评估，避免建设资金不足、融资能力差等风险。

准确认识政府在 PPP 项目建设中的地位，利用政府职能，简化项目审批程序，提高项目审批效率。政府妥善组织社会资本与政府各部门的协商，能在较短时间内确定政府与社会资本合作意向，订立特许经营合同，保证项目的正常实施。

【VIII】 跨国海峡隧道

一、 项目概况

20 世纪末投入运营的跨国海峡隧道横穿多个国家，全长约 60 km，其中 47 km 在海底，13 km 在陆地下面。

（一）项目资金结构

该项目初始投资预算为 75 亿英镑，其中 15 亿英镑为股权资金，由 A 国的 F 集团和 B 国的 M 公司分别出资 80% 和 20%。

（二）项目公司

F 集团和 M 公司分别在 A 国和 B 国注册了 X 公司和 Y 公司，两家公司联合成立了合伙制公司即项目公司 FM。其余的 60 亿英镑来自于银行贷款（超过 220 家银行，牵头银行是 FM 的股东），在签订贷款协议之前，银行要求项目公司完成 3.5 亿英镑的二期股权融资，A、B 两国议会必须通过有关协议来保证项目合同的合法性，并给予 FM 公司自主营运权。TML 联营体（由 FM 公司的股东组成）作为项目的总承包商，负责施工、安装、测试和移交运行。

（三）风险分担

在跨国海峡隧道项目的进展过程中发生的风险事件主要包括：项目唯一性（没有竞争项目）、项目审批延误、成本超支、融资成本增加、工期延误、运营管理水平低下、运营时间延误、市场需求变化、收益不足以及项目公司破产等。

表 6-3 项目风险的分担情况

风险	分担部门
项目唯一性	项目公司
项目审批延误	项目公司
成本超支	项目公司、放贷方共同承担
融资成本增加	项目公司、放贷方共同承担
工期延误	项目公司
运营管理水平	项目公司
市场需求变化	项目公司
收益不足	项目公司
项目公司破产	股东、放贷方共同承担

二、项目分析

跨国海峡隧道项目最终以失败告终，但是它的实施进一步丰富了 PPP 模式的实践，为了 PPP 模式的进一步完善，通过对项目概况的了解，进一步分析项目中存在的一些问题。

（一）政府缺乏契约精神

在项目建设期内，政府要求在合同之外增加安全管理和环保措施，引起成本增加，导致项目公司与政府部门产生矛盾，进而影响到项目实施进度。政府没有清楚地意识到在 PPP 模式中的地位，将自己定位为管理者，对项目的建设进行随意的干预。政府部门缺乏契约精神，没有严格按照合同办事，导致项目工期延长，影响项目的建设运营。

（二）政府间沟通不足

最初规定的货运和客运服务正式开通的时间是 1993 年 5 月，由于 A、B 两国政府的营运许可证书延迟发放，正式开通时间不得不延迟到 1994 年 5 月 6 日，而开通当时系统并没有整体运转，部分服务尚未开通。项目运营延迟使得现金流入延迟，带来了巨大的财务负担。

（三）风险分担不合理

根据项目风险分担的方式来看，项目大部分风险均由项目公司承担，没有按照承担风险、规避风险、处理风险能力的大小分担风险。其中项目的审批风险应该由政府承担，因为项目审批通过需要政府各部门协调，政府最有能力承担这类风险。

（四）风险预测不准确

项目前期进行风险预测时没有考虑到其他利益相关者的行动对项目运营的影响。项目预期运营收入主要来自于穿梭列车收费、在铁路使用合同规定下的铁路使用费和其他副业收入。尽管 A、B 两国政府许诺不兴建第二条固定的海峡通道，但是轮渡和航空公司大幅度削减票价引发了一场价格大战，迫使 FM 公司降低票价。另一方面，由于隧道开通半年后才开始运营，利用水平比预期要低，使用收入也低于预期。

三、项目启示

（一）强化项目主体对 PPP 模式的认识

政府方要加强对 PPP 知识的宣传，完善 PPP 项目的法律规定与政策支持，为社会资本创造良好的投融资环境和稳定的政治环境。主要措施包括：1、政府有关部门出台相关政策或著作，为项目主体系统地学习 PPP 模式提供参考依据；2、聘请专业的咨询机构提供决策支持，弥补对专业知识的欠缺；3、对于与公众利益密切相关的问题应进行公示，使公众享有知情权和参与决策的权利；4、在合同签订中应特别注意不能提供固定投资回报率之类的承诺或担保。

（二）对信息的全面掌握

在 PPP 项目中，政府与社会资本都要进行充分的市场调查，做好市场预测工作。社会资本方不要将政府的承诺作为市场的实际需求，如果政府承诺偏离实际市场需求将会产生守信风险。政府也要独立的进行市场的调查工作，不要盲目接受社会资本方的市场预测，应掌握准确的决策信息。

（三）项目主体应严守契约精神

社会资本方不能抱有投机心理，试图利用政策不完美的弱点签订不平等的合同，这样的合同很容易导致政府的信用风险。更不能利用极少数官员的腐败，牟取不合理的利益。社会资本方应维持与政府的良好关系，保持项目与企业的良好形象，获得公众的认可。

（四）建立公平合理的风险分担机制

在风险的分担方面，应建立公平合理的风险分担机制。对于政治风险、法律变更和配套设施服务方面的风险，政府部门的控制力强于社会资本，可由政府部门提供担保。融资风险、市场风险等，项目公司更有控制力，而且与其收益相关，应由项目公司承担。不可抗力风险由于各方均没有控制能力，所以应由各利益相关方通过设计有关机制（如调价、可变特许期、缓冲基金等）共同承担，具体操作方法可以参考本书。

附：

主要参考文件

一、国家法规政策

（一）全国人大常委会

01 中华人民共和国预算法（2014 年 8 月 31 日修正）

02 中华人民共和国政府采购法（2014 年 8 月 31 日修正）

（二）国务院

03 国务院办公厅转发财政部、发展改革委、人民银行关于在公共服务领域推广政府和社会资本合作模式指导意见的通知（国办发〔2015〕42 号 2015 年 5 月 19 日）

04 中华人民共和国政府采购法实施条例（2015 年 1 月 30 日）

05 国务院办公厅关于进一步做好盘活财政存量资金工作的通知（国办发〔2014〕70 号 2014 年 12 月 30 日）

06 国务院关于创新重点领域投融资机制鼓励社会投资的指导意见（国发〔2014〕60 号 2014 年 11 月 16 日）

07 国务院关于深化预算管理制度改革的决定（国发〔2014〕45 号 2014 年 9 月 26 日）

08 国务院关于加强地方政府性债务管理的意见（国发〔2014〕43 号 2014 年 9 月 21 日）

09 国务院办公厅关于加强城市地下管线建设管理的指导意见（国办发〔2014〕27 号 2014 年 6 月 3 日）

10 国务院关于进一步促进资本市场健康发展的若干意见（国发〔2014〕17 号 2014 年 5 月 8 日）

11 国务院办公厅关于政府向社会力量购买服务的若干意见（国办发〔2013〕96 号 2013 年 9 月 26 日）

12 国务院关于加强城市基础设施建设的意见

（国发〔2013〕36 号　2013 年 9 月 6 日）

（三）财政部等部委

13 财政部、国土资源部、住房城乡建设部、中国人民银行、国
家税务总局、银监会《关于运用政府和社会资本合作模式推
进公共租赁住房投资建设和运营管理的通知》

（财综〔2015〕15 号　2015 年 4 月 21 日）

14 财政部、交通运输部《关于在收费公路领域推广运用政府和
社会资本合作模式的实施意见》

（财建〔2015〕111 号　2015 年 4 月 20 日）

15 财政部、环境保护部《关于推进水污染防治领域政府和社会
资本合作的实施意见》

（财建〔2015〕90 号　2015 年 4 月 9 日）

16 财政部关于印发《政府和社会资本合作项目财政承受能力论
证指引》的通知

（财金〔2015〕21 号　2015 年 4 月 7 日）

17 财政部关于印发《2015 年地方政府专项债券预算管理办法》
的通知

（财预〔2015〕32 号　2015 年 3 月 18 日）

18 财政部、住房城乡建设部关于市政公用领域开展政府和社会
资本合作项目推介工作的通知

（财建〔2015〕29 号　2015 年 2 月 13 日）

19 财政部关于印发《政府采购竞争性磋商采购方式管理暂行办
法》的通知

（财库〔2014〕214 号　2014 年 12 月 31 日）

20 财政部关于印发《政府和社会资本合作项目政府采购管理办
法》的通知

（财库〔2014〕215 号　2014 年 12 月 31 日）

21 财政部关于规范政府和社会资本合作合同管理工作的通知

（财金〔2014〕156 号　2014 年 12 月 30 日）

22 财政部关于政府和社会资本合作示范项目实施有关问题的通知

（财金〔2014〕112 号　2014 年 11 月 30 日）

23 财政部关于印发政府和社会资本合作模式操作指南（试行）的通知

（财金〔2014〕113 号　2014 年 11 月 29 日）

24 财政部关于推广运用政府和社会资本合作模式有关问题的通知

（财金〔2014〕76 号　2014 年 9 月 23 日）

25 政府采购非招标采购方式管理办法

（财政部令第 74 号　2013 年 12 月 19 日）

26 政府采购货物和服务招标投标管理办法

（财政部令第 18 号　2004 年 8 月 11 日）

二、湖南省法规政策

（一）湖南省人大常委会

27 湖南省市政公用事业特许经营条例（2008 年 11 月 28 日修正）

（二）湖南省人民政府

28 湖南省人民政府关于鼓励和引导社会资本投资农业农村的若干意见

（湘政发〔2014〕34 号　2014 年 10 月 24 日）

29 湖南省人民政府办公厅《关于鼓励和支持民间资本参与公共领域投资的若干意见》解读（2014 年 8 月 28 日）

30 湖南省人民政府办公厅关于鼓励和支持民间资本参与公共领域投资的若干意见

（湘政办发〔2014〕66 号　2014 年 8 月 8 日）

31 湖南省人民政府关于加强城镇基础设施建设投融资工作的指导意见

（湘政发〔2014〕2 号　2014 年 1 月 8 日）

（三）湖南省财政厅

32 湖南省财政厅关于全省政府和社会资本合作首批示范项目实施有关问题的通知

（湘财金〔2014〕52 号　2014 年 12 月 22 日）

33 湖南省财政厅关于推广运用政府和社会资本合作模式的指导意见

（湘财金〔2014〕49 号　2014 年 12 月 19 日）

◎ 后 记

与湖南共生长

工欲善其事，必先利其器。PPP虽然已成改革热词，但对很多人而言依然陌生，操作起来似乎无从下手。

我们编著此书的目的，就是希望打造一把开启PPP宝库的钥匙，让大家在面对具体项目时，能够精准把握其关节，有着庖丁解牛般的熟练和胸有成竹般的从容。

其实，我们在编著此书时，并没有上述语句字里行间透出的洒脱。因为深感责任重大而积累尤浅，倒很有些如履薄冰的谨慎。

如何让本书既有理论指导意义，又有实践操作价值？如何组织体例和语言，让内容简洁明了、通俗易懂？如何直指问题提示风险，防止泛泛而谈不得要领？

面对这些问题，我们曾思考良久，与国际国内多位专家、同仁进行了沟通交流，也在湖南省财政厅内部进行了深入探讨。湖南省财政厅党组书记、厅长郑建新是一位学者型领导，他为本书的出版提出了很多指导性意见。我们由此确定了本书的框架、章节和基本体例。

我们在财政系统工作多年，因个人兴趣和工作原因，对PPP的理论与实践开展过一些学习与研究，积累了一些心得。本书的内容，即在此基础上进一步总结和提炼而来。

本书在编著过程中，得到了财政部金融司和 PPP 中心的领导、专家们的无私帮助，他们提出了很多宝贵的建议。

本书的出版，得到了湖南省财政厅相关单位的大力支持和积极配合。湖南省财政科学研究所曾伟，湖南省财政厅金融与债务处张利武、仲凡，长沙理工大学交通经济研究所周正祥，潇湘晨报社汪新华为本书的策划和编辑付出了辛勤劳动，张宪珍、蔡懿、刘金科、黄权国、张秀芳、张平等同志为本书做了大量的资料收集整理和文稿校核工作。

此外，为避免师心自用和"只缘身在此山中"的局限，我们阅读、参考了不少资料，在此一并致谢。

野芳发而幽香，佳木秀而繁阴。本书的出版正值春夏之交，这是一个生机勃勃的时节，正如 PPP 模式在湖南的发展前景。PPP 模式正在三湘大地落地开花。

厚积而薄发，实践出真知。在推广运用 PPP 模式的过程中，可能面临一些意想不到的障碍和困难，同时，国家的相关规范性文件也在不断出台，我们只能寄希望于本书抛砖引玉，敬请广大读者批评指正。

从古至今，湖湘大地自有一种气质。我们希望，孕育于这种气质之中，PPP 模式也能探索出独特的湖湘风格，为助推湖南经济社会发展作出新的贡献。

易继元　刘文杰
2015 年 6 月于长沙